大家小书

社会调查自白

费孝通 著

北京出版集团公司
北京出版社

图书在版编目（CIP）数据

社会调查自白 / 费孝通著. — 北京 ：北京出版社，2017. 10

（大家小书）

ISBN 978 - 7 - 200 - 12625 - 9

Ⅰ. ①社… Ⅱ. ①费… Ⅲ. ①社会调查—方法研究 Ⅳ. ①C915

中国版本图书馆 CIP 数据核字(2016)第 284630 号

总策划：安　东　高立志　　　责任编辑：司徒剑萍　高天航

·大家小书·

社会调查自白

SHEHUI DIAOCHA ZIBAI

费孝通　著

*

北京出版集团公司
北京出版社　出版

（北京北三环中路6号　邮政编码：100120）

网　址：www.bph.com.cn

北京出版集团公司总发行

新华书店经销

北京华联印刷有限公司印刷

*

880 毫米×1230 毫米　32 开本　5.625 印张　90 千字

2017 年 10 月第 1 版　2018 年 5 月第 2 次印刷

ISBN 978 - 7 - 200 - 12625 - 9

定价：34.00 元

序　言

袁行霈

“大家小书”，是一个很俏皮的名称。此所谓“大家”，包括两方面的含义：一、书的作者是大家；二、书是写给大家看的，是大家的读物。所谓“小书”者，只是就其篇幅而言，篇幅显得小一些罢了。若论学术性则不但不轻，有些倒是相当重。其实，篇幅大小也是相对的，一部书十万字，在今天的印刷条件下，似乎算小书，若在老子、孔子的时代，又何尝就小呢?

编辑这套丛书，有一个用意就是节省读者的时间，让读者在较短的时间内获得较多的知识。在信息爆炸的时代，人们要学的东西太多了。补习，遂成为经常的需要。如果不善于补习，东抓一把，西抓一把，今天补这，明天补那，效果未必很好。如果把读书当成吃补药，还会失去读书时应有的那份从容和快乐。这套丛书每本的篇幅都小，读者即使细细地阅读慢慢地体味，也花不了多少时间，可以充分享受读书的乐趣。如果把它们当成补药来吃也行，剂量小，吃起来方便，消化起来也容易。

我们还有一个用意，就是想做一点文化积累的工作。把那些经过时间考验的、读者认同的著作，搜集到一起印刷出版，使之不至于泯没。有些书曾经畅销一时，但现在已经不容易得到；有些书当时或许没有引起很多人注意，但时间证明它们价值不菲。这两类书都需要挖掘出来，让它们重现光芒。科技类的图书偏重实用，一过时就不会有太多读者了，除了研究科技史的人还要用到之外。人文科学则不然，有许多书是常读常新的。然而，这套丛书也不都是旧书的重版，我们也想请一些著名的学者新写一些学术性和普及性兼备的小书，以满足读者日益增长的需求。

“大家小书”的开本不大，读者可以揣进衣兜里，随时随地掏出来读上几页。在路边等人的时候，在排队买戏票的时候，在车上、在公园里，都可以读。这样的读者多了，会为社会增添一些文化的色彩和学习的气氛，岂不是一件好事吗？

“大家小书”出版在即，出版社同志命我撰序说明原委。既然这套丛书标示书之小，序言当然也应以短小为宜。该说的都说了，就此搁笔吧。

序　　言（二）

中国民主同盟中央，在1983年暑期所举办的第一期“多学科学术讲座”的基础上，于1984年又举办了第二期“多学科学术讲座”。

中国民主同盟中央在1984年分两个阶段举办了“多学科学术讲座”。第一阶段在暑假中于北京师范大学举行，共有：费孝通的《社会调查自白》，陶大镛的《世界经济和当代经济思潮》，邓广铭的《宋史研究、宋代经济发展史》，唐敖庆的《应用量子化学》，林传鼎的《智力开发的心理学问题》，冯之浚的《现代化与科学学》，张远谋的《工业结晶》，管锦康的《审计学》，谈家桢等的《生物工程》，以及韩伯林的《世界桥梁史》。第二阶段在1984年年底举行，主讲人有：常迥的《信息科学》、张文佑的《地质学》[①]、张胜瑕的《汽车排气的污染及其控制》三讲。

① 由张文佑教授主讲的《地质学》，原定1984年年底举行，但张文佑教授于1985年2月11日逝世，我们不胜哀悼，并停止《地质学》的讲座——钱伟长于1985年3月15日。

1984年的各讲稿中除《地质学》和《工业结晶》业已在其他出版社出版外，其余十讲稿将编入“多学科学术讲座丛书”第二辑，它和第一辑一样，仍由知识出版社(沪)陆续出版。

这次讲座的主讲教授都是民盟盟员，像费孝通、陶大镛教授又都是民盟中央副主席。他们都是我国知名学者，他们毕生从事某一学科的教学和科研工作，他们在百忙中，不仅亲自上台讲授，并且写出了讲稿，供广大读者参考学习之用。

1984年的讲座，除了继续为民盟盟内和国内外知名学者提供讲台，讲授他们毕生从事的学术成就外，也结合我国“四化”建设，讲授了有关各种新技术、各种管理科学等内容，以满足各方面的要求。

民盟盟内有大量专家学者，为了更有效地动员起来，为响应党的号召投身“四化”建设，为建设社会主义精神文明和物质文明，将在以后几年内继续举办“多学科学术讲座”，其讲稿也将陆续在“多学科学术讲座丛书”中发表。

钱伟长

1984年10月31日于北京

《社会调查自白》导读

马　戎

1984年，费孝通先生在中国民盟中央组织的暑期“多学科学术讲座”系列中做了十讲，其中两讲是回答问题，其余的八讲汇集而成这本《社会调查自白》，讨论的专题涉及社会调查的各个方面，可以说是青年学者在中国开展社会调查的一本启蒙读本。

费先生1930年进入燕京大学社会学系，当时的社会学系主任吴文藻教授聘请了多位欧美著名社会学家来燕京授课，其中包括罗伯特·派克教授（Robert Park）和布朗教授（A. R. Radcliffe-Brown），这为费先生终生的社会学、人类学研究打下了坚实的学术基础。1933年，他考入清华大学研究院，在著名俄国人类学家史禄国教授指导下攻读人类学硕士学位，毕业后于1936年来到英国伦敦经济学院，在著名人类学家马林诺夫斯基指导下攻读博士学位。1938年，他回国在云南大学任教，1947年转到清华大学任教。1952年在“院系调整”时，他和其他著名社会学家、人类学家吴文藻、潘光旦、林耀华教授等一同转到中央民族学院从事少数民族研究工作。1978年，他接受中央委托在中国大陆重建社会学学科，创建了中国社会科学院社会学研究所和北京大学社会学人类学研究所。在求学时期得到多位名师指教，留学回国后深入田野，政治运动中屡受冲击，改革开放后成为重建学科的领军者，费孝通先生是中国学术史上一位具有传奇色彩的人物，也是著作等身和影响深远的老一辈社会学家。在这本主要由讲座汇编的小书的前八个部分中，费先生系统地介绍了他所从事的几个最重要的研究领域以及自己的心路演变。

第一部分“引子”。费先生介绍了自己求学和研究工作中的一些体会：一是学问不宜分得太细，他认为1952年后的文理分科和办专科院校不利于培养有宽广知识基础的现代人才，成大器者必须打好宽厚的学术基础，才能融会贯通；二是学生要发挥自己的主观能动性，老师指出方向后，“做学问要用自己的腿走路”；三是学问不是文学，所以“才华不是学问”，不能用华丽的修辞掩盖学术上的缺失。

第二部分“社会调查概述”。他把一个课题的研究过程分为四个阶段：确定题目、制订计划、实施调查和分析总结。课题可分为应用研究和基础研究两大类，基本的调查方法可分为普查、抽样调查和典型调查三种，资料分析可分为定性和定量分析两大类，并主要围绕“点与面”“质与量”“因与果”这三个关系展开。在这部分中，费先生特别指出在定题时要“大处着眼，小处着手”，同时调查者只有熟悉被调查者的生活，努力取得对方的信任，才能获得真实可靠的调查信息。

第三部分“民族调查”。费先生特别提到他参加的“民族识别”工作，指出“《毛泽东选集》里提到过的各个民族，都承认了，但是在提到的各民族之后还有‘等等’两字，这‘等等’的内容要我们来填进去”。这便是当年“民族识别”工作的大框架。对于为什么有些群体坚持要被“识别”为独立的少数民族，费先生认为这里实际上牵涉到实际利益和权力分配，“识别哪些人是一个民族，哪些人不是一个独特的民族，也就牵涉到各级人民代表大会里各民族代表名额的问题”。对于中国的“民族”概念，费先生认为“应包括三个层次的涵义。第一层是中华民族的‘民族’……第二层是组成中华民族整体的各个具体民族……第三层是中华民族里各个民族内部的各种‘人’，如广西金秀瑶山里的五种瑶人”。这与他后来在“中华民族的多元一体格局”理论里的观点是一致的。值得注意的是，他在中华民族这一层次的“民族”上加了引号。

费先生介绍了苏联时期对国内群体的分类：“没有发展到封建社会的这类‘人们共同体’叫部落，没有发展到资本主义社会的这类‘人们共同体’叫部族，发展到资本主义社会的‘人们共同体’才叫民族”。“斯大林提出的民族定义，是一个合于资本主义时代欧洲大部分地区的概念”。中国社会的群体称谓有自己独特的历史演变轨迹，这些群体在今天的政治学、历史学、社会学、人类学的概念体系中，应当如何定位？费先生的这些讨论，对今天研究中国民族问题的学者可以提供一些背景信息。

第四部分“农村调查”。费先生介绍了自己的农村调查经历，从江村的个案调查，到云南农村调查的“类型比较法”。他分析了中国农村社会的“差序格局”，特别指出“我们正在从一个乡土社会进入到一个现代化的社会……每一个家庭里面，都能看到这样的变化。我们农村调查的新课题也应当从这里面去寻找”。

第五部分“家庭调查”。费先生介绍了在田野调查中如何通过“系统分析方法”通过家庭成员的脉络来认识整个社区生活，从社区分工到农业、手工业、流通、金融以及土地关系，从而认识农村社会。中国民间社会有一套“生育制度”的文化，确定每个人的身份和社会角色，正是这一套制度的运转保证了社会继替的顺利进行，维持了文化的延续以及社会的完整与稳定。

第六部分“小城镇调查”。20世纪80年代中国的小城镇发展，是在当时城乡体制改革推动经济结构调整这样一个特定的社会历史条件下出现的。农村完成了家庭承包，城镇仍然是国有经济占主导，被新体制释放出来的农村剩余劳动力和资金必然要寻找出路，农村集市、乡镇企业和进城务工潮因势而生，“小城镇问题不是从天上掉下来的……它是在客观实践的发展中提出来的”。

第七部分“知识分子和智力资源调查”。费先生在1957年有篇很出名的文章“知识分子的早春天气”。周恩来总理认为，这篇文章“把知识分子心灵深处的一些想法都说出来了。共产党内也有不少能写文章的知识分子，但这样的文章我看是写不出来的，就是有这种想法也是不写的”。这是直至今日仍然值得我们思考的问题：一是为什么许多人在“心灵深处”想不到这些问题而写不出来，二是为什么即使有些人想到了也不愿写或是不敢写。

文中费先生提到的中国知识分子“青黄不接”的问题，也许从年龄梯队的角度和队伍规模上看已经解决了，但是从知识结构（中华文明的传统知识、西方工业文明知识体系、其他文明的知识体系）的角度来看，这一问题仍然值得关注。无论是学贯中西、融通古今的高层次人才，还是大学生的基础训练，今天的情形真的得到改善了吗？在某些方面是否还出现了“断档”的现象？

第八部分“社会学的重建和发展”。费先生回顾了1978年后他在中国大陆重建社会学学科的经历，将这一过程分为四个阶段，为关心中国社会学史的学者提供了不少有价值的信息。

这本文集同时收录了他在《北京大学学报》1994年第1期上发表的“个人·群体·社会——一生学术历程的自我思考”，对自己一生学术经历进行了系统的梳理和总结。费先生首先提出了理解“社会”的两个视角：一是把社会看作许多个人集体生活、分工合作的群体，强调个人的生物属性；二是把社会看作有固定规则和行为模式的“社会界”。费先生自己曾跟随马林诺夫斯基教授的功能论而强调人的生物属性和社会分工，后来又吸收了布朗教授的文化整体论和系统论，“功能的意义不必挂在有用无用的鉴别上，更不应当和生物需要挂钩”。结合自己在云南的研究经历，费先生认为社会学研究不能“只见社会不见人”，因为在社会结构出现革命性的变动（如“文革”）时，有可能“极为根本地改变了社会结构里各制度中社会角色的行为模式”。社会与个人之间存在某种辩证关系，“个人既是载体也是实体”。

在这篇文章的结尾，费先生回到潘光旦先生为《生育制度》写的序言“派与汇”上，回到了潘先生提倡的“新人文思想”。全文最后写道：中国历史悠久，“在人和人中和位育的故训的指导下应当有丰富的经验。这些经验不仅保留在前人留下的文书中，而且应当还保存在当前人们相处的现实生活中。

怎样发掘出来，用现代的语言表达出来，可能是今后我们社会学者应尽的责任”。我相信青年读者们在阅读这本文集时不仅会得到许多蕴含人类智慧的启示，也能感受到费孝通教授等老一辈学者对年轻一代的嘱托和期望。

目　录

前　言

1984年7月23日到8月4日的两个星期里，我在中国民主同盟中央组织的暑期“多学科学术讲座”里做了有关社会调查十讲。民盟中央组织这个讲座的目的，是在储存和扩散老一辈学者致力一生所得的一些知识，免得失传，有损国家的智力资源。我虽是这个讲座的倡议人之一，但是自问论资论学都够不上格，只是主持其事的钱伟长同志一意坚持要把我列入讲员之列，实在无法推托，勉为其难，滥竽充数，自觉惭愧。我所做到的只是在相当炎热的气温下，总算没有迟到，没有缺课。至于所讲的内容，只是些平时我常讲的有关本人从事社会调查的经过和体会的话。

我在课堂上讲话的习惯是事前大体上打一个腹稿，上场后即兴发挥，缺点是不拘章法，不求面面俱到，长处是不受框框限制，使一些听众受到言外的启迪，激发自动的思考。这十讲并非例外。我只把自己过去所做过的社会调查编排个次序，从民族、农村、家庭、小城镇到知识分子和智力资源，各讲一讲。讲我为什么想到做这些调查，怎样调查，又有什么体会。另有两讲是答复问题，共十讲。其中并没有多少技术性的指导，也说不上有什么高深的哲理，只是一个科学工作者对自己工作的自白罢了。

我讲话时录了音，讲完后请听我讲话的上海大学的李友梅同志，根据她听讲的笔记，参照录音，整理了一个稿子。在这样炎热的日子里足足花了有一个星期的紧张劳动，是很辛苦的。我在此表示我的感谢。稿子到了我手上，照例压积在我的书桌上，腾不出时间来校阅。入秋后，上海大学的沈关宝同志来北京，我就抓住他帮我把这份讲稿看一遍。他觉得对具体的社会调查方法讲得太少，所以把第二讲重新编写一遍，补足了我这次讲话中的一些缺漏。同样要向他表示感谢。直到冬尽春至，跨了一个新年，我才挤出时间修改了一次。错失和疏忽的地方还是不少，只能请读者多多关照了。

费孝通

1985年1月28日 于北京

一、引　子

为了在中国智力总库里留下老一辈知识分子学术生涯所积累的经验和知识，为了我们这个通过新陈代谢而得以绵续长存的社会，民盟中央举办了这次“多学科学术讲座”。来这儿听讲的有全国各地的同志，能有机会和大家一起学习和讨论，我非常高兴，希望能得到好的收获。

我们正面临着新技术革命的挑战，正需加速智力开发以缩短我国与先进国家的差距。因此，科学地培养人才，合理地使用人才，就成为我国在全球性挑战中能否取胜立足的关键，这是当前最迫切的一项任务。人才培养，智力开发，要靠我们已有的智力库。在我们现有的智力库里，七八十岁的老知识分子已经为数不多了，而且属于他们未来的时间也不多了，这是自然法则，不可抗拒。我在1980年时说过一句话：“大概我身边只有十块钱了，一年用一块钱也只能用到八十岁，到那时就做不了什么事了，即使活着也顶不上大用，用起来或许还会害人。”这样说是因为我清楚地意识到属于自己的时间有一定的年限。这一点是年轻人感觉不到的，青年人往往把自己的生命与无限的时光等同起来，其实两者不是一回事，有时还会产生激烈的矛盾冲突。日本电视剧《血疑》用的就是这样一个主题：当一个人知道自己没有多少时间可以活的时候会怎么样？这里不但有自己怎么办的问题，也有别人怎么对待的问题。这部影片的主题给人以不少启发。

七十至八十岁的这辈老知识分子的时间虽不多了，然而他们在中国智力结构里有一个特殊的地位。他们受过严格的、有系统的教育，大都学有专长，各有成就。他们毕生积累的做学问的经验，对于我们国家来说是一份不可多得的财富。现在他们年事已高，来日不多，再不把宝贵的知识传给后人，将对我国现代化建设事业和接班人的培养造成无法填补的损失。人死了，他的知识也随着去了，这是很可悲的。要知道，任何知识都不属于哪一个人私有的。它是全社会实践经验的积累，是共同智慧的结晶。个人从社会里得来的知识应当回到社会里去，这就要靠代代相传。后一代要在前一代人的思想基础上进一步更新发展。这是一个要发挥主观能动性和创造性的过程，而不是计算器或电脑所能替代得了的。因此对老一辈本身来讲，除了充分发挥余热，继续做出贡献外，还必须主动地做好培养接班人的工作，使自己的知识和经验得以延续和发展。

这部分老知识分子大多毕业于抗战之前的高等院校。那时有不少学校有浓厚的学术空气和良好的学习环境。他们在学校念书，也都有各自爱好的专业，大多能在博览各种书籍、广泛而又迅速地接触各门知识的基础上专业化。这种既有广度又有深度，两者相辅相成的知识传递方式，使学生一走出校门就能独立地进行科学研究。因此，尽管此后战乱不断，社会环境险恶，大部分人还是在科学领域做出了成就。可惜的是，全国解放后我们对科学文化学习、传授的规律性东西不予重视。相反，在1952年全国大专院校做“院系调整”以后，理、工科分家，文、理科分家，搞专科分院制。学习各门专业的不强调普通数理化的基础，更谈不到文史的基本知识。攻读文科的不了解当代自然科学和技术的新发展。进入了一个专科就不管其他科目了。学校的规章制度还限制了其他方面学习的机会和条件。过去清华、北大的课程就不像现在这样限得死死的，那时鼓励学生在学完必修课的基础上跨学科听课，窗台上都有人趴着听课。只要学校承认你是他的学生，听哪门课都可以。在这样的情况下，学术空气自然也就浓厚起来。大家碰头就能谈论交流，念人类学的遇上学语言学的马上就会说到一起去，和学生物的也能讨论一番。

所谓学术，就是人对宇宙实体的认识反映，物质和精神世界本身浑然一体，并没有分门别类。当然人在认识它的时候必须有分析，要有先后次序；人们之间还要有分工，各有偏重，但人为分割的各部分之间是互相联系的。假如我们把这种分割绝对化，单刀直入，只专一门，在某一个孤立点上做学问，那么就不可能真正揭示客观世界存在的奥秘，也就不可能有新的学术成就可言。比如学写文章应当学会写杂文。学术研究也应当搞点“杂文”。“杂”，就是多样化，多种学科的互相交流，互相渗透，融会贯通，全面发展，这样才能有学习和研究的深度。

当年，我们在大学里学习的时候，十分重视基础知识。就我自己来说，我的底子就不是现在一般的底子。我学医预科是准备上医学院的。那时医学制度要求两年预科、五年专科。预科就是打底子，包括自然科学的底子，如物理、化学，主要是生物、心理。还学哲学、逻辑、外文、国文，国文里还有版本学。我是在这个基础上转入社会学的。社会学念了三年又转学人类学。

人类学是一门知识广阔的学科，从体质到语言、到文化、直到考古。文化、语言、体质都有历史的纵向区分（如猿人、智人与现代人等）和地域的横向区分（如亚洲、非洲、欧洲等）。我是在清华研究院学的人类学，我之所以能学好体质人类学是与我有两年医预科的基础分不开的。在清华补习了解剖学和动物学，由于研究需要还学了数学。

总之，应当是在广泛的学术基础上去搞专门学科的，有了一定的基础才能进入研究阶段。基础与专题研究犹如学与习的关系，基础强调“学”，研究重于“习”，学多了才能论及习。学习二字，学字当先。研究一门学问，一要讲基础，二要讲主观能动性。我在研究生期间，老师只给出题，出完了就让我自己去做，平时很少见面，老师只是在晚上散步时来我的研究室检查我的工作。我的资料都摊在桌上，他看了看，没有问题就走了。有问题就给我留个条，上面写着“重做，错了”，也不说错在哪里。我得重新把一个星期辛辛苦苦做出来的结果再做一次。为了找出错的原因，我开动脑筋。老师并没有给一套现成的公式。怎样答题，怎么改错，从来就是我自己的事。久而久之，我懂得了做学问要用自己的腿走路的道理。可以说迄今为止，我一生中所做的研究都离不开那时的基础。

客观地说，我们现在面临的世界比过去复杂得多，我们对这个世界的认识也越来越感到困难。因此，我们更应该看到自己的不足，看到我们现有的知识微不足道。可是，现在许多大专院校仍然是文、理分科，隔科如隔山。教学方法还是教师照本宣科，学生死记硬背，知识面越来越窄。近年来，我们是引进了不少先进设备，但先进的科学文化又引进了多少？我们现有的教育制度和教学方法是过去从苏联搬来的，现在苏联改了，我们还是那一套。看来，我们并不了解别人，也不认识自己。

我们老一代向前看，看到的是下一代。下一代是国家的未来，我们有责任去引导他们，做一点我们力所能及的事。

我这一辈子做了不少事，应当把我的好经验、好传统传授给下一辈，其中最主要的也是希望能继续做下去的就是认识中国社会，为中国社会尽一点力。然而，中国社会如此之大，又有悠久的历史，一个人的一生想要穷尽对她的认识显然做不到，可是，社会科学工作者的任务，首先就是认识中国社会，这是一个矛盾。解决这一矛盾的唯一途径是脚踏实地做研究，一辈子不停顿，世世代代不间断，积有限认识为无限认识。这就要求我们首先从现实出发，实事求是地探讨客观规律。科学之道在于实事求是，科学结论不能靠主观臆想。诚然，人在认识客观世界的时候不免会产生偏见，会或多或少地掺杂一些主观的东西。我们要正视这一点，正视它正是要在实践的基础上去克服它。不断地克服主观偏见就意味着我们的认识在逐渐深化，使之更接近客观实际。

我想把我自己作为一个标本让你们解剖。自30年代到80年代正好是五十个年头，我写的《从事社会学五十年》可作为你们解剖用的材料之一。我的《学历自述》为大家提供了关于我的学历的梗概，可以说是一幅速写，你们不妨先看一遍，再来认识我这个人。社会学在停顿的三十年间，受到了批判，我从批判里学到了很多东西，其中最重要的一条就是要学会解剖自己。今天我希望大家也来解剖我，当然今天的解剖不同于过去的“大批判”，而是科学地分析一个人的思想过程，从中获得有益的经验教训。有个美国人把我解剖了一下，写了一本传记，一位日本人看了后说：“他把你写成了一个西方化的学者，而你不是。”看来各人看法不同。我这个人到底怎么样？希望大家在读我的书的时候，看看我的思想有没有中国的特点，这些特点又是怎么表现出来的，以及找出我在书中所讲的根本东西是什么。有人认为我的书好看，其实那些最好看的地方正是功夫最不到家的地方，因为道理讲不清楚，就要耍耍花腔。花腔的确能吸引人，但那只是才华而不是学问。我的哥哥曾批评我：“才胜于学，华多于实。”说的就是功夫不到家。所以我希望青年人千万不要学我的笔法。我们所处的世界是无穷变化的世界，学习容不得半点停顿。人们都知道百万年前“北京人”已经知道生火，可是至今还有人不会生炉子，所以，学习是无止境的，到老也学不完。当然我们学习的目的不是去搞科举，不要为升级或提职去大写文章，要从认识中国社会出发，多了解一些中国人是怎么生活的。了解别人才能对自己有所认识。我写过一篇文章发表在《读书》杂志上，叫《我看人看我》。我说我喜欢看人看我，因为很多事，自己身在其中，模糊不明。这一点我想大家会有同感。学社会学的人不但要学会认识中国社会，同时也要学会认识自己。过去封建领主的信条是“民可使由之，不可使知之”，而在当代社会，民必须有自知之明。人只有懂得自己才能掌握自己的命运。关于这个道理，我不想多花笔墨了，大家可以自己去体会。

既然请你们来解剖我，就得开一个书单。最近两年我的旧著已经重印的有《重访英伦》（湖南人民出版社出版），包括《初访美国》和《留英记》两篇在内，都是反映我早年在国外生活时的观感；《生育制度》（天津人民出版社出版）是我30年代在大学讲课时写下的对家庭理论的探讨。正在印的《美国与美国人》（三联书店出版），是我第一次访美后写的。已出版的《访美掠影》是我第二次到美国所看到的情况，由于时间不长，只待了两个月，所以叫“掠影”。还将重印的是《乡土中国》，这是讲乡土性社会特点的书，是从具体调查中抽象出来的。关于社会学的文章加以汇集起来的小册子有《民族与社会》《从事社会学五十年》《社会学探索》等。第四本叫《论小城镇及其他》还在印刷中。我还喜欢写短篇杂文，已出版的有《杂写甲集》《杂写乙集》，我还打算继续写短文，大约每年可以出一小册，丙集、丁集这样出下去，不知还能出几集。

开列书单无非是提供解剖工具，解剖手术还是要你们自己动手。这就是说不要企望能从我的这次讲课里得到一套现成的模式和答案。我们一起来做尝试，打破原先的框框，跳出过去习惯的那一套教学方法。因此，在这十讲里我不想从任何结论出发，不讲什么定义，只讲我的一生是怎样从事社会调查的，以及这些调查是怎样影响我的思想的，希望大家在其中找出解剖我的突破口，并有所收益。

二、社会调查概述

有些同志很想通过这次讲座得到关于社会调查的定义，还希望从这儿带走一套现成的社会调查方法，以便回去向领导汇报，并照此办理搞调查。我想提醒有这种想法的同志，那是不现实的。我不想从定义出发讨论问题，也不专门介绍各种具体的调查方法。我要讲的是社会学研究怎么入门，怎么调查，是我个人的体会，给你们做参考，起一个样本的作用。

给一个样本，或者即便是开出一套方法来，都不能把它作为教条去照搬，而只能是从中得到某些启示。要知道任何一种社会调查的经验和方法，都是别人从彼时彼地的具体的社会调查中获得，并加以总结提高的。而接触到的客观事物、现象都因人、因时、因地而异，各有其不同的内在联系，有着千变万化的发展过程，有不同的类型。所以，我们不能用某一个模式去硬套，也不能机械地搬用某种方法去分析具有不同特点的研究对象。

硬套和搬用本身，就是不符合马克思主义的实事求是的原理的。我们进行社会主义建设，要根据我国的特点，把马列主义与中国的实际相结合。我认为这也是社会调查的思想原则和根本出发点。我们学习马列主义应当学习它的科学的世界观与方法论，而不是局限于某些具体的结论。这就是说，我们要重视从过去历史经验中得出的规律性的东西，用以指导今后的认识过程；与此同时，我们更应强调在事物的不断发展中总结新经验，研究新问题，得出新东西。关于这一点，我想大家一定懂得很多，希望我们都能以此作为这次学习的指导思想。

下面就社会调查的过程，概要谈谈社会调查的一些方法问题以及我的认识和体会。

从科学研究的角度来说，任何调查都必须经历一个既要符合客观事物、现象的发展路线，又要符合人们的认识路线的过程。现在一般把这一过程分为四个阶段，即定题、计划、实施和总结。这四个阶段一环紧扣一环，使我们对要认识的事物从无知到有知。但这一过程并不是单一性的，它是从整个人类认识史中抽取出来的小小的一步。事实上，这四个阶段总是在做周而复始的循环运动，后者步着前者的足迹继续走下去，人类的知识不断积累，认识逐渐深化。

我们知道，不管认识过程分为多少阶段，怎么符合事物发展的路线，调查者在各个阶段的实际行动与表现，却不是过程本身所能完全控制的。因此，社会调查能否取得成功，关键还在于研究者的调查态度。能不能实事求是，敢不敢坚持真理，能否与人民群众建立起亲密无间的合作关系，都离不开有没有一个认真的态度。

这里特别需要指出，社会调查不同于物理、化学等各门自然科学的研究。自然科学工作者对他们研究对象的态度好坏，丝毫不影响对象的性质及其反映。可社会调查所面对的是与我们同样的活生生的人，是处于一定历史时期、一定社会集团的“社会人”。在这种情况下，研究者的立足点在哪里，态度是否诚恳，被调查者要先了解清楚了才能回答问题。这就是说我们要调查他，他先得“调查”你，然后再决定是否让你调查他。这个互相调查的过程很微妙，一旦被调查者发现你的调查态度不那么诚恳，或者你的调查会对他们的社会生活带来损害，他们就不愿意接近你，不肯说出真心话。由此可见，社会调查不仅仅只是一项科学研究，还有群众工作的内容在内。

我常说起为什么毛泽东同志开了几个座谈会，到会的也不过是几个人，他就能写出《中国社会各阶级分析》一文，解决了中国革命迫切需要解决的实际问题，这是因为他依靠了两条：第一条是他出身于农村，并有意识地接近农民群众，亲身体验他们的生活，这就使他对农村经济状况、农民生活十分熟悉，有直接的感受。第二条是他十分虚心地通过利益相同的农民去检验、核实自己的想法，使农民体会到他是为人民谋利益的，因而取得了农民的信任，成了农民的知心朋友。

我看这两条社会调查的经验过去适用，现在仍然适用。中国的社会特点是中国长期的历史造成的，而人民群众是历史的创造者和见证人，我们要得到真实客观的资料，就得虚心诚恳地向人民群众学习，甘做他们的小学生。立足于为人民服务，做群众的知心人，有了这样的思想基础，才能有诚恳的态度，社会调查的成功才有保证。

社会调查的第一步是定题阶段，即要确定一个调查的主题。初看起来，定题似乎很简单，只要研究者抓出一个题目就行了，但实际做起来不容易。问题是你的研究题目从哪里来？你又如何去做选择？

要使人类由盲目、被动适应社会环境，变为有计划、积极主动进行社会实践，我们就得对现实中出现的新情况、新问题加以研究和探索。例如，我在下面要做专题讨论的小城镇研究，那是在农村调查的基础上提出来的课题。当时由于落实了正确的政策，农村的农业、副业和工业都出现了新的起色。可是我们发现农村的富裕不那么稳固。如江村农民的养兔副业，就随着海外兔毛市场的涨落而波动，一时间家家户户都养起了长毛兔，没过多久又纷纷杀兔吃肉。看来在农村地区没有一个相对稳定的经济中心，农民的命运就只能操纵在别人手中，这就提出了小城镇建设的问题。由此可见，社会调查的题目，从根本上说是来自于社会实践的发展。当然我们也不排斥有些研究课题的提出，是从对原有理论的质疑开始的。如我对生育制度的探讨，可以说是从“人为什么要生孩子”这一问题引起的。这两种课题往往被区分为应用研究和基础研究，但这种区分并不是绝对的。如小城镇的研究就不仅仅是应用研究，它对我国的社区、社会变迁等基础理论的建树，将具有相当重要的意义。

现在社会调查的题目不是少了，而是太多，我们应付不过来。在这样的情况下，应当按轻重缓急做出有秩序的安排，先研究什么，后研究什么，要有所选择，合理安排。对某个研究者来说，也要循序渐进，逐步扩展研究的题目。选择调查课题的一般原则是既要考虑实际的和理论的意义，即它的迫切性；又要充分估计到它的可行性，要力所能及。在选题上常常容易犯的毛病是脱离实际，想搞大理论，搞一个完整的体系，看不起“小题目”，忽视知识的积累，以致老虎吃天，无从下口，自己给自己出难题。这样的教训是不少的。

在确定题目以后，要有一个制订研究计划、方案的阶段，这是社会调查的第二步。

计划的制订不能靠关在屋子里苦思冥想，那种像电影里表现的指挥官对着地图想出来的作战方案，在实战中未必行得通，多半要吃败仗。因此，计划阶段的首要任务，就是深入实际，对具体的研究对象做仔细详尽的观察，从一点或几点的经验来做计划的依据。这叫作探索性的调查，即先探探路子，为大规模的正式调查做先导。江苏的小城镇研究至今没有全面铺开，我们所做的只是从吴江县开始，在苏南、苏北等地区选点做了观察。在此基础上，现正在设计一套合理可行的指标，打算在今冬明春对全省的小城镇来一个“卷地毯”，即普查性的问卷调查。我们的探索调查搞了两年，可见订出研究计划并不容易。

进行探索调查要肯学习、肯钻研、善于思索。除了在对具体的对象做观察时要有这种学习的精神外，我们还要向书本和一切有这方面知识的人请教。我们要尽可能地收集与研究课题有关的文献资料，对别人已有的研究结论和研究过程做认真的分析，达到借鉴的目的。通过实践、书本两方面的学习、探索，就可以着手制订研究计划了。计划中包含的内容有界定研究范围，拟出调查提纲，明确调查指标以及确定调查的方式，等等。这些内容不再一一细述，我只想谈谈调查的方式问题。

以调查对象的范围宽度为标准，社会调查有三种基本的方式。第一种是普查，普查是对研究范围内的所有对象一个不落地进行普遍调查的方式。例如人口普查等等。第二种是抽样调查，即从整体中用一定的方法抽取出一部分具有代表性的对象（这一部分对象就组成该整体的样本）进行调查，并将对样本的调查结果推论到整体。国家统计局的家计调查、企业管理质量调查等，大都采用这种方式。第三种是典型调查，国外所称的“个案研究”大体相似于典型调查。这种方式的研究对象只有一个或还不足以构成样本的少数几个“典型”，研究者通过对典型的全面的、历史的考察和分析，达到对事物性质的深入了解。

这三种调查方式各有各的长处和短处。普查所得的资料完整性强，但由于调查量大，项目就不可能很细，全面深入性差；它的结论的可靠程度高，但调查的成本（如人力、物力、费用等）也高，调查的周期长。抽样调查虽然大大缩小了直接进行调查的范围，节省了时间与成本，并在一定的可信度上起到认识总体的作用，但它仍未能解决调查的深入性问题，而且抽样与推论都需要掌握一定的统计技术。典型调查克服了深入性差的缺陷，通过对典型的全面、详尽的考察，起到深入认识事物性质的作用，不失为一种较理想的方式。但由于它缺乏范围上的广度，结论就往往具有很强的条件性。普查、抽样调查和典型调查的特点规定了它们各自的适用性。前两者能表现事物整体的数量特征和事物间的数量关系，因而适用于定量的研究。后者能发掘事物的内在特征和内在联系，因而适用于定性的研究。事实上，客观事物总是具有性质与数量两种规定性，所以我们在调查中往往同时采用几种不同的方式。

社会调查的第三步是收集原始资料的实施阶段。收集资料是一项艰巨的工作，它的方法主要是观察和访问。

观察，是指用我们的感官去注意、反映我们周围的社会现象以及它们发生、发展的过程。认识社会必须观察社会，认真观察社会是取得感性知识的第一步。当然一切有观察能力的人都在观察社会，但科学研究的观察与一般的观察不同，它是一种带有目的的有计划的观察，即为获取原始资料而进行的观察。科学研究不能离开原始资料，而原始资料的可靠程度，就在于我们对事物观察的细致、全面和科学性。前几年，我有一个老朋友搞了一个生物实验。有人怀疑他的原始材料，因为别人在重复这个实验时得出了不同的结论。有人说可能显微镜片上有问题。仪器发生了故障，会出现不同的结果。类似的情况在观察社会时同样存在，因此，我们在做间接观察、直接观察或参与观察时就得反复核实原始资料的准确性。

间接观察是指利用别人对那些已经发生过的社会现象的记录，这种原始材料主要是由前人写成的历史资料。历史资料往往由于时代不同、笔者认识的片面性而出现差错。顾颉刚先生在五四时期就提出“古史辨”，要重新整理古史。这确实是一个严肃的学术问题。现在有些研究历史的同志就缺乏这点思考。比如对待历代传下来的史料，我们应该反复查一查，是谁、是在什么历史条件下写的，有没有搞错，版本对不对，不能太轻易地相信它。对此，我在大学里念过目录学、版本学，很有用处。

直接观察是指对现实的、正在发生的社会现象所做的观察与记录。照理说这种观察的偏误较少，但我还是要常常对自己发问：“可靠不可靠？”我过去在搞人体测量时，往往几次测量的结果都不一致，问题出在什么地方呢？后来才知道是自己没有站稳，两手震动，造成被测量的人摇摆和移动位置，毛病还在于我自己的观察角度不同。由此可见，原始资料的形成由于收集者所处的历史时代条件、生活环境条件和操作方法的不同而有一定的局限性。我们在观察中应当注意到并尽量避免这种局限性。

参与观察是指研究者参与到要观察的社会团体、社会过程中去做观察的一种方法。我们提倡的联系群众、实行“三同”等，就是这种方法的具体化。采用这种方法对研究者提出了很高的要求，那就是你必须做到放得下、进得去、出得来。首先你不能摆出一副学者的派头，要放下架子，使自己处于与被调查者同等的地位。这样才能得到群众的信任，进入他们的社会生活之中，亲自体验他们的行为意义和喜怒哀乐的情感。但是你毕竟是一个观察者，所以最终你还必须从这种情景中超脱出来，做符合客观的记录与描述。为此，我们不得不提出在进行社会调查之前对调查人员进行系统的训练问题，包括怎样进入角色、怎样观察记录、怎样找出问题等方法训练。

访问是收集被调查口述资料的调查方法。在实际的调查过程中，访问总是与观察同时并用的。但是由于西方社会的习俗是不愿意别人闯入他们的生活的，加上近年来现代通信工具的发达和普及，在西方社会学界便出现了非面对面接触交谈的间接访问方法，如利用电话、调查问卷邮寄等方式的调查。据我看来，这些方法虽在取得某项资料上具有快速、经济的优点，但收获毕竟很有限，也很肤浅。在我国，由于调查者与被调查者的根本利益的一致性，我们还是应当强调那种有深度的直接访问，包括个人谈话和召开各种类型的调查座谈会。

调查者与被调查者之间根本利益的一致并不意味着两者一接触就能谈得来，就能建立起互相信任的关系。所以访问的基础是与被调查者搞好关系，使自己成为他们可以信赖的朋友。历次调查经验告诉我们，没有这一层关系，要达到一个好的结果是不可能的。在彼此互不相识，没有一定的关系之前，缺乏信任感，连搭上话都困难，更不要说谈出真实情况了。在菲律宾与澳大利亚之间的洋面上有一个小岛，岛上的居民对外边去的人都有一定的戒心，他们对突然来的人都要问一问："那是什么人？来干什么？"我想任何被调查者都会有这种出于防卫心理的反应，只不过程度不同而已。所以，建立调查者与被调查者之间的信任关系对于我们取得真实可靠的访问资料是非常重要的。信任是感情交流的基础，有了信任和感情才能相互合作，才能得到真心话，才能保证资料的真实性。

在另一方面，我们也不能凭借被调查者口头上说的是真心话就能保证资料的真实性。我们在选择别人的答题时要多动脑筋想一想，即从逻辑分析的方法仔细辨别出什么是真话，什么是假话。"四人帮"横行时期的"外调"根本得不到真话。调查到我，又问我别人的情况，我不愿说真话连累别人，可是不说话就要挨打，怎么办？我只得用另外的方法去骗他们，还要骗得有道理。这种"外调"走到了科学的反面。在当今资本主义社会里，用金钱可以买到情报，因此，情报有的正确，有的则全属虚构。美国还有不少“职业性”的被调查者，他们总是在一个地方接受别人的调查，你要什么他就讲什么。我们现在也有组织参观团到某个地方，常常听到一套专门的介绍的情况，我们可不能根据这些介绍就完全信以为真，随便下一个结论。除了逻辑的辨别方法，在访问中还要注意到各种情景下的不同反应，所谓察言观色是也。如果我们去了解家庭中的婆媳关系，可能会出现媳妇在场时婆婆夸媳妇，媳妇不在场婆婆又骂媳妇；哪是真，哪是假，不能不依据情景做仔细分析。情景还包括调查者本身的加入和访问器具的应用。你带着一个录音机去调查访问某某婆婆和媳妇，很可能什么也得不到。你进门后与媳妇多应酬几句，婆婆很可能不对你说心里话。总之，你的身份、你的行为都会在一定程度上改变事物的真实性。对于参加调查人际关系的同志来说，不能不懂得这一点，不能不自知自己所扮演的角色。

社会调查的最后一步是整理资料、分析资料和得出结论的总结阶段。在引出调查结论的过程中，我们的分析重点要放在以下两个方面：第一，要注意分析社会生活中人们彼此交往的社会关系和社会行为，掌握人与人之间相处的各种不同的模式，认清各种角色在特定的社会历史条件下和特定的社会关系中是怎么表现其固有的特征的。第二，要注意分析社会的某一部分或某一现象在整个社会结构及其变化过程中所处的地位和所起的作用。从性质上与数量上找出社会的这一部分或这一现象与其他部分或其他现象之间的互相联系、互相影响、互相制约的关系，从而达到认识社会整体的目的。

要进行资料的分析就得掌握分析的工具。现在有不少分析的方法，诸如典型分析、统计分析、比较分析、历史分析、结构功能分析、系统分析等等。方法虽多，但它们都是围绕着“点与面”“质与量”“因与果”这三个关系展开的。

点与面的关系就是事物的特殊性与普遍性、个性与共性的关系。在进行分析时，我们首先要对收集的资料加以分类。分类就是依据某种性质的规定把相同的事物归并起来，将相异的事物区分开来。这种性质的规定就是该类事物所具有的共性。那么这一共性从何而来呢？它来自于我们的典型分析，典型只是事物中的一个点，它有它的特殊性，但普遍性寓于特殊性之中，我们要从典型中看到它所代表的普遍性。因此，典型的意义是它在同类事物中具有的代表性。但是典型的代表意义有一定的限度，有人说我是知识分子的代表，我说我不过是某一种知识分子的代表，而不是所有知识分子的代表。这就是说，一个人的行为、思想和感情，只能代表与他相似的那一类人。

在现实生活中，常常用“这个”或“那个”来泛指各种类，然而无论是个人或团体，都不是生活在类别界限十分明显的世界里，而往往是在一个不同类别融合交织在一起的环境之中。因而典型尽管是“这个”或“那个”的代表，在“这个”或“那个”范围内具有普遍意义，但是典型不是独立存在的，它与周围事物相互联系着，只是在某一方面比较突出该类事物的特点，而在另外一方面却不一定能突出该类事物的其他特点。这就是我们在做分类时必须要看到的事物的共性与个性的关系。

对典型的分析方法，就是毛泽东同志所倡导的“解剖麻雀”的方法。“解剖麻雀”，需要深入到事物的内部，不是泛泛的表面化的描绘。我们的分析不仅要有地点、有时间、有人物，还要有行为、有感情、有思想，把作为一个类型的某一事物的发生、发展过程解剖得清清楚楚，并把重点放在说明它的内在特征、它的内部联系及它与其他事物的区别上。

质与量的关系反映在分析阶段就是定性分析与定量分析的关系。定性分析实际上就是从典型分析开始的，它重在对事物的质的方面进行全面的、历史的、纵深的考察。典型分析是定性研究的主要方式。定量研究一般是在某种质的规定下表现事物的数量特征和数量关系。由于定量分析难以深入到事物内部做考察，因而弄得不好，那些普查、抽样调查、问卷调查等，得到的结论只能在数量上给人一个表面形象，甚至是一种虚像。因此，为了正确把握事物的数量，我们在做定量分析之前应当先做好定性分析，然后再通过量的表现来进一步加深我们对性质的了解。这就像我们去粮店买米那样，总先要看看米好不好，通过对米的成色的鉴别再确定自己买多买少。

从定性分析到定量分析，是我们对事物分析的基本方式，这也就是我们从微型调查入手，逐步扩展到宏观调查的过程。微型调查使我们抓住本质的东西，把握住方向，做到心中有底。宏观调查则体现出数量的比重，它反过来对先前的定性分析加以限制和范围，使我们做到胸中有数。因此，定性与定量是相辅相成的，我们在对事物分析过程中都不能偏废。

因果分析是社会调查者的兴趣所在。一种社会现象的发生、变化导致并决定了另一种社会现象的产生和变化，前者被称为因，后者被作为果。然而，在现实社会中，由于事物间的普遍联系与相互制约，因果关系的表现并不那么简单，而要复杂得多。有的一因多果，有的一果多因，有的多因多果，有的互为因果。因此，有的学者还试图以社会实验的办法来确定因果关系。比如按照美国一些学者的研究，认为黑白人种之间的歧视问题是由于从小开始的生活隔离造成的。于是美国的一些学校便在黑白人同校上下了不少功夫。然而这个办法并没有多大的作用，看来还没有找到种族歧视的真正的原因。因此，要确定社会现象和事物间的因果关系，不能只凭一些表面的偶然的联系。

造成社会现象之间因果关系复杂化的根本原因，是人所具有的主动性和创造性。这就是说，社会规律并不是如同数学公式所规定的那种完全确定的关系，而是在无数偶然现象中所蕴藏的那种必然趋势。我们做因果分析时，首先应当明了这种趋势性的规律，然后求具体现象之间的因果关系，并遵循在发生的时间上，因在前，果在后；在关系上，因果产生共变联系的两个原则来做分析。

至此，我只是概要介绍了社会调查的过程。希望大家进一步去学习社会调查的具体方法，对它有更清楚的认识。但我认为，具体方法的掌握离不开方法论的指导，归纳起来说就是三句话：坚持马列主义理论的指导，实事求是，理论联系实际。走群众路线，建立调查者与被调查者之间真正一致的密切的关系。从为人民服务的立场出发做调查，为我国的“四化”建设，真心实意地尽自己的力量。

三、民族调查

为什么要研究少数民族？为什么我的调查生涯要从少数民族开始？从人类学和社会学的角度看，民族调查可以说是认识社会与文化的基本功。要认识社会与文化，必须对各种不同的社会与文化进行比较，有比较才有鉴别。你们说我是男的，没有女的怎么知道我是男的呢？这很清楚，比较出来的嘛！当年我去广西前，我的老师史禄国先生说过，要认识自己生活的系统，先要找一个同自己生活习惯不同的社区进行实地观察。去少数民族地区观察，既可以看到与自己不同的生活方式，还能从比较中认识自己的生活方式。就这样，我们找到了广西大瑶山地区的花蓝瑶人做调查。

民族调查的重要意义还远远超出它的学术性。各民族在平等的基础上共同繁荣是我国社会主义制度建立以后一贯实行的基本政策。我们进行科学的民族调查，可以避免那种盲目地从定义出发识别民族的倾向，实事求是地认识中国的少数民族，深入地了解他们的历史、他们的语言、他们的要求，并从以往历史上民族矛盾和民族合作的经验教训中，找到共同繁荣的道路。

从当前到今后一个时期里，民族调查将是我们社会学研究的重点项目之一，包括我在民族地区进行的“边区开发”的课题。这一研究课题主要是要了解边区资源、民族发展、人口流动等方面的情况。我国的少数民族只占10亿人口中的百分之六，但他们占的地方很大，差不多是国土的百分之六十。而许多重要的资源也在少数民族所居住的地区。人口的分布对资源分布来说是极不相称的。边区的经济建设落后于内地的客观事实，影响到我们“四化”建设的大局。由此提出了一系列的问题，诸如怎样改变人口、资源的不相称状态？怎样帮助少数民族缩短他们和汉族间的经济、文化差距？怎样使内地的智力、财力、劳力有计划地流向边区，促进边区的开发？怎样使少数民族接受并欢迎这种支援和促进？这些都是值得我们去探索、研究的大课题。因此，无论是过去、现在还是将来，无论从理论上看还是从实践上看，民族调查的工作必须加强。

我一生做过几次民族调查。最早的那一次是我同我的前妻刚刚结婚后进行的。我带了体质人类学的测量仪器，俩人一起到了广西的大瑶山，即现在广西金秀瑶族自治县。当时瑶山的交通状况和现在完全不同，我们整天爬山，走村串户，收集了不少材料。关于体质测量方面的原始材料，国民党在昆明迫害民主教授的事件中将其遗落在云南，到现在还没有找到。我爱人王同惠在调查途中不幸遇难后，我根据她对大瑶山花蓝瑶的调查材料写成了一本小书，名叫《花蓝瑶社会组织》。当时印了几千份分送友人。有些图书馆里还有保存。我打算重印这本书。我认为这本书简洁明了，没有废话，希望它有一天能同大家见面。由于我青年时代主要是从比较的观点出发去研究少数民族的，所以对于瑶族人民今后的发展方向，瑶族在我国社会经济发展中的前途等问题，都没有加以考虑。在当时对于各民族的关系问题，我也是没有着重研究的。

从瑶山出来以后，我对少数民族的研究中断了很多年。从个人的心理状态来说，我不愿引起对往事的痛苦回忆。从瑶山里出来以后，一直到解放初，我差不多都在搞农村的调查研究。

我于1950年起参加国内的民族工作。曾随同中央访问团并担任贵州分团和广西分团的团长，到贵州和广西少数民族地区进行访问和调查。

1952年调到中央民族学院工作。1955年到贵州进行民族识别，1956年到1957年参加了人大常委会组织的少数民族社会历史调查，到云南进行工作。这一时期，我是主要宣传党的民族政策，并在接触少数民族时进行了一些调查研究工作。

一到贵州我们就碰到一个理论问题，即“民族”这个概念问题，它是决定民族识别标准的理论基础。这个问题到现在还不能说已经完全解决。问题是怎样发生的呢？记得我们到贵州不久，就听到关于“汉裔民族”的说法。一些当地人说他们过去是汉族人，后来变成少数民族了。他们中有一部分人称自己是“穿青”，达二十几万人。还有自称南京人、里民子、羿子等十几种人。他们使用的语言很多是汉语，但这些人坚持自己和汉人不同，表示不愿做汉族。这一来就引起了这些人是汉族还是少数民族的问题，如果是少数民族，就产生了是独特的民族还是其他少数民族的问题。新中国成立后，各民族都有权利当家做主，每个民族在人民代表大会里应该有自己的代表。识别哪些人是一个民族，哪些人不是一个独特的民族，也就牵涉到各级人民代表大会里各民族代表名额的问题。所以民族识别是一个理论问题也是一个实际问题。

我们访问团开始在掌握识别民族的标准时，主要的理论根据来源于斯大林关于“民族”的定义。斯大林的定义指出，一个民族有四个要素：共同的地域、共同的语言、共同的经济和共同的心理素质。从定义上去理解，大家觉得很清楚，可是联系实际却不容易。我们对《毛泽东选集》里提到过的各个民族，都承认了，但是在提到的各民族之后还有“等等”两字，这“等等”的内容要我们来填进去。没有搞清楚的不能随便填，当地人不同意的也不能填进去。结果，在实际要填的时候，发现这四条标准不容易解决我们的问题，至少靠这四条标准是不够了。穿青人等与汉族有共同语言，却坚持说自己不是汉族人，说明他们与汉族在“心理”上有距离。那么这算不算“心理素质”上有区别呢？能不能就说他们是少数民族呢？少数民族舞蹈中最早被送上舞台的是“阿西跳月”。我们说他们是彝族里面的阿西人，因为他们的语言、生活方式和其他彝族大同小异。但他们过去一直自称“阿西”，没有听说过“彝族”。种种情况说明，从一个定义出发会发生许多问题。这就要求我们针对我国的实际情况，真正去搞清“民族”概念的涵义。

一切概念都是从历史的经验里总结出来，而在当时社会生活中起作用的，总是同一定的历史条件相对应的。“民族”是个音节，是个词汇，我们要研究它是从哪儿来的，它代表什么东西，人家用它又代表什么东西。斯大林的民族概念是怎么来的呢？他说得很清楚，因为资本主义的发展需要有一个共同市场，共同的市场形成人们生活的共同地域，大家共同来往又形成了共同的语言，又因为对立斗争产生共同的意识。比如法国与德国战争不久，德意志形成了一个民族，共同对付法国人。所以，斯大林提出的民族定义，是一个合于资本主义时代欧洲大部分地区的概念。但这个“民族”概念和苏联多民族的实际结合时发生了困难，不得不提出几个性质不同的名词：没有发展到封建社会的这类“人们共同体”叫部落；没有发展到资本主义社会的这类“人们共同体”叫部族；发展到资本主义社会的“人们共同体”才叫民族。如果我们机械照搬上述定义的话，处在奴隶制度下的凉山彝族就不能算作民族，封建农奴制度下的西藏人也不能算作民族了。

从我国历史上看，中国人开始使用“民族”这个词汇，是在汉族人民反对清朝统治中国的时候。“民族”这个词可能是梁启超那批人从日本引进的。清朝统治者对其他民族的歧视和压迫，激起各族人民强烈的民族自我意识和民族尊严感，又在各民族共同反抗帝国主义列强的斗争中，出现一个中华民族的概念。在我们的革命文献里，“民族”两个字实际上有两个用法。讲“中华民族”时包括了汉族、满族和其他几十个少数民族；讲具体民族时，指的是中国领土内部的几十个民族。洋鬼子侵华的时候，我们各个民族在帝国主义的压迫下，一致感到“我们”是一个完整的“中华民族”，我们是一个根上长出来的、命运与共的人，能够坚持不懈地团结抗敌。尽管事实上“中华民族”里的人们来源不同，居住地点不同，语言有差异，但是有共同的“所属”，即“我们”在普通语汇里叫作“自己人”。因此，“民族”概念是活的，不是死的，是一个发展的概念。民族现象是一个复杂的社会历史现象。

大家是否注意到，我们在很多问题上向苏联“一边倒”过，但在民族问题上却没有一边倒。这不是无意识的，而是有意识的没有倒。中国自己的历史决定了我们不能跟苏联走，采用民族联邦的体制，而坚持了统一国家。根据中国民族现实的客观特点，我认为“民族”概念本身应包括三个层次的涵义。第一层是中华民族的“民族”，这是中国历史发展决定的，确确实实存在一个中华民族。第二层是组成中华民族整体的各个具体民族，中华民族正是中华民族的民族性和各个具体民族的民族特点的对立和统一。所谓民族特点，是一个民族从历史过程中形成的、适应其具体的物质和社会条件的特点。在统一体的内部，应当承认部分的特殊性，并以此来实现民族平等和团结。第三层是中华民族里各个民族内部的各种“人”，如广西金秀瑶山里的五种瑶人。我有两个学生后来去那里调查后写出了《盘村瑶族》。这里面所叙述的“盘瑶”就是瑶族中的一种人，概念上就是属于这一个层次。明确了“民族”概念涵义的层次，我们国内的民族识别标准就清楚一些了。苏联搞了民族自决权，成为由加盟共和国组成的“联邦共和国”。我们没有抄苏联的，而是充分尊重少数民族的意愿，实行民族区域自治。各民族在平等的前提下走向繁荣、进步。在这里，我应当声明一下：我这种看法只是我个人的体会，是否合于科学的实际，完全应该敞开讨论，如果有不同意见，也只是学术上的争论。

我国少数民族发展、演变的历史，使我逐渐得出一条道理，即民族识别不能从定义出发，不能离开一定的历史条件，否则我们的识别工作就会偏离实事求是的科学路线，既无法区别具体民族，又看不到一个民族发展的前途。这条道理可以推而广之，适用于所有的社会调查。

新中国成立初期，配合民族识别工作进行的调查研究，初步了解了各民族的基本情况，为各少数民族参与人民政权及在少数民族聚居区建立民族区域自治，提供了一些事实依据。同时进行的全国各少数民族的语言调查，为各少数民族改革和文字创造打下了基础。随后由全国人大常委会主持的少数民族社会历史调查，着重研究少数民族的社会性质。这些工作都取得了可喜的成绩。

1978年以后的几年里，我又几次访问了金秀瑶山自治县，在新的形势下从事民族研究。波及全国的十年浩劫，使党在解决民族问题上的基本政策，即实行民族区域自治，受到了抵制和破坏，以致损害了民族大家庭的友爱团结，阻碍了各少数民族经济文化的发展。当务之急在于认真落实民族区域自治的政策，发扬各民族自治地区的优势，发展经济、文化，缩短和消灭历史所造成的差距，实现各民族事实上的平等，加速我国的现代化建设。

少数民族的经济、文化发展同汉族相比，有很大差距。但我们坚决反对西方资本主义社会的那种民族关系，大鱼吃小鱼；美洲和澳洲的土著民族，基本上就硬是被吃掉了。西方的少数民族，过去有两种“前途”：一种是走同玛雅文化被毁灭的道路。美洲土著玛雅人在葡萄牙人的野蛮侵入中死完了。澳大利亚土著民族绝灭的例子也是属于这种“前途”。另一种是像北美印第安人那样的“前途”。欧洲移民驱赶印第安人时，他们反抗过，赢得了极少数人的生存权利。但本民族的经济、文化没能发展起来，现在变成了博物馆里展出的活标本，作为引诱旅游者观赏而赚钱的设备。

我们是社会主义国家，我们的宪法规定了少数民族是中华民族大家庭的成员。我们各个民族之间相处的原则是平等、团结、进步。确实，民族平等在政治上、法律上已经做到了。但经济上、文化上的差距却不是靠法律上讲平等便能轻易改变的。所以，在法律上平等了，经济上、文化上的不平等现象还是存在的。

怎样实现事实上的平等呢？我相信，各民族的亲密团结是很重要的一条。过去，外蒙的蒙族人不愿和汉民族及其他少数民族团结在一起，不愿成为我们这个民族大家庭的成员，一出去就落入别人手中。你经济上不如人家，一下子就跌倒了，人家才不管你名义上那个“独立”的标签呢！所以，我们中华人民共和国里的各个民族必须团结一心，这是实现事实上平等的重要保证。不仅汉族和各少数民族要团结，而且聚居生活在一个地区的各族人民也要亲密团结，讲平等，才能使我们伟大祖国变成多民族共同繁荣、欣欣向荣的社会主义国家。

在加快实现民族平等的过程中，我们是用承认差别去促进平等的。所谓承认差别指的是给予各少数民族特殊的经济、文化待遇。如果给予少数民族和汉族以相同的经济、文化待遇，那么少数民族的发展速度将永远赶不上汉族的发展水平。特殊待遇是什么？是指给予一定的条件，让少数民族能使自己发展得比汉族更快一些。没有汉族的帮助。少数民族现存的差距很难克服，这是很现实的。我们作为走在前面一点的汉族，要想尽一切办法创造条件，在经济上、文化上促进少数民族的发展。作为少数民族，绝不能满足在法律上已经取得的平等地位和规定的特殊待遇，要坚决地采取开放的态度，通过自己的艰苦奋斗取得不断进步，赶上先进水平。如果自己不站立起来，即使客观条件好了，也可能会倒退。我们确信，中国的少数民族在党的领导下，有充分的条件站起来，可以成长，可以繁荣。繁荣不是人家给的，是自己争取来的。以上是我在民族调查中所得到的体会和对民族政策的理解。是否正确请大家讨论指正。

今后的二十年，对于少数民族来说，是个严重的关键时刻。我在参加民族工作中使我的感情向着少数民族这一边。少数民族当前的处境，我总是不能感到满足。我觉得，实现真正平等的关键归根到底是生产力的大发展。生产力提高了，经济不平等的现象才能真正消灭。如果不改变当前我国各民族在人力资源、财力资源、智力资源分布得十分不平衡的状态，少数民族生产力大发展，看来还仅是一句空话。怎样去改变这种状态，应当是当前民族发展所提供给我们民族理论工作者的一个迫切课题。

在生产力发展的同时促进文化的发展是极为重要的。有的少数民族文化比较发达，像朝鲜族的文化艺术，在普及方面就超过了汉族。锡伯族原是满族的一支，清代分化出来。整个满族使用汉族语言以后，锡伯族仍然保留了满族的语言。我们的许多满文档案，锡伯人都懂。他们中许多人对新疆的十三个民族的语言都能讲一点，成为少有的语言“天才”民族。但从少数民族整体看，文化发展的担子是十分沉重的。他们在发展现代文化上要做出的努力特别大。少数民族学会汉语就要花很多时间。但如果不懂得汉语，对他们各方面的发展都是个严重阻碍。当然，我们强调学习汉语，是在各民族有权利发展自己语言的前提下提出的。他们从小学会讲的本民族的语言，应当受到其他民族，特别是我们汉族的尊重。但不是说他们一辈子就只需要学一种语言。我们汉人为了要接受新的科学技术，不是也在学习外国语吗？少数民族的经济不甚发达，生活简单，语言中的名词就比较少，不能表达现代社会的复杂生活。他们固然要发展他们的语言，但与此同时，他们也要学习汉语、学习外国语，科技文化才能追得上去。

学习外语并不是丢脸的事。世界各国的人都要学习一点外国语言。日本最爱学习人家的东西，成了发展较快的国家之一。中国的唐代文化很发达，日本就跟着中国学，吸收了很多汉字。后来我们在各方面停顿了，他们就转而跟着其他国家学，它的语言也不断跟着变化。现在的日文相当复杂。外国人去学日语，既要懂汉字，也要懂它的注音符号，还要懂里面直接吸收的外文，其中直接吸收的英文词汇很多。我看将来人类发展的趋势，很可能每个人都要学会多种语言。我们现在应当积极想办法缩短学语言的时间。

怎样帮助少数民族发展经济和文化？怎么开发祖国的边区？这是我近来一直在考虑的问题。虽然我的年龄和体力不允许我再像五十年前那样在瑶山爬山串户，但我可以把今后几年的力量放到这个问题上去。我已经自己做出了决心，今后几年里要向边区进军，今年已开始在内蒙古、甘肃做了初步探索，对开发边区这个课题找出一个具体的研究方案。这是一个综合性的科学研究课题。胡耀邦同志提出的种草种树是开发边区的第一步。那就意味着还要有第二步、第三步……一直走下去。怎样利用我国东部的智力、财力、劳力来开发西部的资源？东部对西部的支援，必须要以当地各族人民欢迎为前提，这就是互利互惠；而且必须通过民族特点和加速少数民族经济文化来进行。怎样通过这一过程使各民族的团结能更进一步地加强，真正做到我离不开你，你离不开我。这些课题是很清楚的。但是怎样能使这些课题在民族研究中取得应有的地位，看来还要经过一番努力才能实现。建设要大上，科学要先行。我们要有饱满的积极性，包括群众和科学家两个方面的积极性，才能把工作做好。

四、农村调查

我一生的希望，也可以说我过去工作的中心，而且今后还要继续坚持下去的，就是能认识中国社会，首先是农村社会，弄清楚中国农村社会究竟有哪些基本特点。世界各国都在迈向现代化，我们也不可能例外，但要设计我们自己的道路。这就先得要求我们认识中国历史所造成的特点。我从青年时代到现在，主观上不能说不尽力，这个问题还不敢说已经搞清楚了。但我愿意把自己在这问题上摸索的经过，作为一个标本，请大家来一起进行解剖，看一看我这一个人为搞清这个问题，五十年来走过的道路是怎样的？搞到了什么程度？这样搞法对不对？有哪些东西已经不合时宜，陈旧了，要更新了？有哪些东西还有用？

中国社会的一个基本特点就是大量人口集中居住在土地不太广阔的宜耕地区，在这个地区出现了人多地少的状态。我们从远古时代起，绝大多数人历来以五谷为主要食物。种植五谷作物的农民构成了中国绝大多数的人口，他们是中国文化源远流长的深厚基础。要认识中国社会，认识中国人，不认识农民生活，不认识农村经济是不行的。由此可知，农村调查是达到我们认识中国社会、解决中国社会问题的最基本的手段和途径。我对中国社会的看法、对中国传统农业经济向现代经济转变方式的看法，几乎都是在农村调查中累积起来的。十一届三中全会以来，我国的人民大胆地创造着我们未来的道路。这条道路不是哪一个人想出来的，而是中国人民自己在深厚的民族文化基础上创造出来的。我们现在逐步看得清楚了些，每一个对农村做了认真调查的同志一定也会看清楚的。

我对中国农村做的第一个比较深入的微型调查，是在江苏太湖附近的开弦弓村进行的。

我在广西负了伤，在广东医治了几个月，1936年暑假回到家乡，离出国上学还有一些日子，所以想到乡下去休养一下。我姐姐费达生正在开弦弓村开办一个农民的生丝精制运销合作社。在这个村子里盖了一个厂房。我就借了一间卧室，待了下来。

在村子里住下了，我又想到利用这机会了解一些农民的生活。说是调查其实也有点过分，只是无心植柳柳成荫。我是在和这村子里的人们接触中，一步步深入到他们生活各方面去提问题。我是本地人，加上我姐姐和这村子里农民的关系，农民朋友们总是有问必答。我随手记下了许多对我来说是新的知识。到我离开村子的时候，笔记本里的材料已经不少。因而想不妨整理出一个系统来，写成一本有关农民生活的书。

随后我就上船出国。当时去英国必须坐轮船。我记得我坐的是一艘意大利邮船叫“白公爵号”。从上海到意大利上岸要走好几个星期。我待得无聊，就把手边的调查材料拿出来，编成了一本稿子。到了英国进伦敦经济学院报到。人类学系有一位副教授，名叫雷蒙德·弗思（Raymond Firth），他担任做我的导师，我告诉他打算把《花蓝瑶社会组织》作为我的博士论文的底稿，同时又讲到了手边还有一本关于中国农民生活的调查初稿；他了解了两篇的内容之后，建议我以后者为基础写我的论文。不久，马利诺夫斯基（Malinowski）教授从美国回来，把我调到他自己身边来指导。经过两年，我写出了一篇《开弦弓，一个中国农村的经济生活》，作为博士论文，得到了学位。

博士论文答辩那天晚上，马教授请我吃饭。在饭桌上他想起了一件事。拉起电话机，叫通了Routledge书店的老板，说定了由该店出版我这篇论文。但是后来书店老板为了便于推销，建议改一个书名，叫《中国农民的生活》，但保存这书的中文名称《江村经济》写在扉页。

我说这一段经过，因为这个书名曾引起一个研究方法上的问题。我只调查了一个农村就能说是中国农民生活吗？书名一改动，这个问题是应当提出来澄清的。

我首先要说明，如果只调查了一个中国农村把所调查的结果就说是中国农民生活的全貌，那是以偏概全，在方法上是错误的。如果说明这只是一个中国农村里的农民生活的叙述，那是实事求是的。但问题是只叙述一个中国农村里的农民生活，有什么意义呢？这也就提出了这个解剖一只麻雀来研究麻雀的微型调查在科学方法上有什么价值的问题。这个问题就比较复杂了。

我最近读到一本我的老同学，英国剑桥大学前人类学教授利奇（Leach）爵士的一本名为《社会人类学》的小书。其中提到了我近五十年前所写的那本书。他肯定这本书的价值是在分析了中国农村社区各个制度间的内在联系，使局部统一在整体之中；那是得到了英国社会人类学里功能学派的要旨。他把是否代表中国农村的这个问题避开了。我自然感激他的好评，但是必须说明，这不是我的初衷。我并不是就村论村，把这个村作为应用功能分析方法的标本。我的确是要了解中国社会，而且不只是这个小村所表现出来中国社会的一部分，还有志于了解更广阔更复杂的“中国社会”。在这个意义上说，出版社改用的书名却道出了我的本意。可是我自己把这一本书只看成是我毕生工作的一个起点。我在大瑶山的调查虽没有完成，但可以说明我心目中的“中国社会”是连少数民族都包括在内的。

我把江村调查看作是我进入这个“了解中国社会”的领域的开始，但是怎样把微型研究和宏观研究结合起来呢？也就是怎样答复一个一个小村子的调查能加成一幅中国社会的整体面貌呢？这是一个值得考虑的问题。但当时我所能做的只有单枪匹马地在小范围里进行观察。这是我这个研究者本身的条件。我只有充分利用当时现实的条件去接触实际，那就是《江村经济》一类的调查。

我并没有停留在利奇教授所肯定的界限上，我并不满足于对一个社区进行内在联系的分析，绘画出了一个系统的网络，对各部分间搭配得如此巧妙而作自我欣赏。不，我把《江村经济》的清样校阅完毕，即匆匆返国，一到昆明就投身到内地农村的调查之中。我这个行动说明我心里有一个看法，我想去发现中国各地不同类型的农村，用比较方法逐步从局部走向整体，逐步接近我想了解的“中国社会”的全貌。

事实上没有可能用对全中国每一个农村都进行调查的方法去达到了解中国农村全貌的目的。这不是现实的方法。所以怎样从局部的观察看到或接近看到事物的全貌呢？统计学上的方法是随机抽样，依靠几率的原理在整体中取样，那是根据被研究的对象中局部的变异是出于几率的假定。可是社会现象却没有这样简单。我认为在采取抽样方法来做定量分析之前，必须先走一步区分类型的定性分析。那就是说只有同一类型的事物中才能适用随机抽样的方法。定量应以定性为前提。先分出有男女的定性区别，才能分别在男女中抽样研究有关问题的比量。

我是从这个认识的基础上，开始在“内地农村”里寻找与江村不同的类型。江村是人多地少，工农相辅的苏南农村类型。我在昆明周围的禄丰县附近找到一个没有手工业的农村，学名是“禄村”。禄村农民的生产和收入主要是耕田。我对这个农村进行了微型分析，写出了《禄村农田》。于是再在滇池附近去找手工业较发达的农村来比较。我和张之毅同志一起在易门县找到一个这样的村子，我们叫它“易村”，这个村子种了很多竹子，用来编织和造纸。后来，张之毅同志写成了一本《易村手工业》。他后来又到滇池南边马帮云集的玉溪县，去调查了一个受到商业中心影响较深的农村，我们叫它“玉村”。写成了一本《玉村商业和农业》。我今天不去讲这些调查的内容，只是要说，我们这样做是在找不同类型的农村，进行比较。我在1953年初访美国时，在芝加哥大学根据这些内地农村的调查编译了一本书，名叫*Earthbound China*，意思是“被土地所束缚的中国”。

我在昆明从事内地农村调查这一段时期里，指导我调查的方法就是上面所说的类型比较法。这个方法我至今认为还是有价值的，但是也已经看到它的不足。我在美国从事编译时经常接触雷德菲尔德（Redfield）社会人类学教授的一家人。他是芝加哥社会学派奠基人罗伯特·帕克（Robert Park）的女婿，也是接班人。他和我不谋而合也主张微型分析，但是他后来也感到研究一个文化较高的农民社区，应当注意到这个社区在经济上和意识形态上与城镇的联系。这就对我过去的方法指出了不足之处。对中国农村的调查不能限于农村，因为在经济上它是城乡网络的基础，离开了上层的结构就不容易看清它的面貌。在意识形态上，更受到经济文化中心洗练过用来维持一定时期的整个中国社会的观念体系所控制。这里存在着一个立体的上下关系，基础和上层建筑的关系，但是怎样在微型分析的基础上来进行这方面的调查研究，当时我并没有真正解决。

我从美国回来后，一方面我要负担云大和联大的教课任务，另一方面由于政治局势的变动，国民党反动派在昆明掌了权，对民主运动进行压迫，我下乡的条件就减少了。我利用这段时间，把我研究的重点转移到整理我过去调查的心得，在讲课中就家庭问题和农村问题发挥我比较有系统的论述，后来编成《生育制度》和《乡土中国》两本书。《乡土中国》就是我试图从农村社会的基础上来解剖中国传统社会结构和基本观念，而构成一种“乡土社会”的类型。这就不限于一个具体的农村，而是指向中国农村的基本性质。

我从昆明回到北平后，接着写一系列短文，提出了城乡关系、权力体系等问题，这些文章后来都收集到小册子《乡土重建》《皇权和绅权》里。美国雷德菲尔德夫人把其中一部分翻译成英文，在芝加哥出版，书名 *China's Gentry*（《中国的士绅》）。我提到这些是要指出，调查是基础，本身受着一定理论的指导，而也为提出理论性观点做了准备。理论和实际是永远不能分离的。这是我自己治学的经验。至于指导我调查的理论是否正确和我后来发展出来的理论是否正确，那是另外可以讨论的。在治学的方法上我是这样做的。

从1949年到1957年的八年里，我的研究重点转移到了民族问题上，所以不在这里多谈了。需要提到一笔，因为我重访英伦时在母校认识的一位同学格迪斯（Geddes）教授，他参加了澳大利亚文化代表团来访问中国，得到周总理的批准，到江村去做短期考察，因而引起了我重访江村的计划。当时我取得领导的准许，偕同中国科学院经济研究所里一些年轻学者，又到江村去调查了一个多月。我有事返京，写了《重访江村》一文，原定分三次在《新观察》发表，可是刚发表了第二篇，反右斗争开始了，这篇文章没有写完。从那时起到80年代，我一直没有机会做农村调查。

直到1981年，我第三次去访问了江村。后来在英国以《三访江村》为名发表了我的感受。1981年以后我每年都去江村。我还介绍我的学生住入村里，调查各自的研究课题。

近两年在江苏展开的小城镇调查，在一定意义上可以说是江村调查的延伸、扩大。小城镇调查研究，是农村调查的新开拓、新高度。关于这方面的详细经过，后面会专门介绍。

下面想谈谈我在几次农村调查中形成的对于中国社会特点的一些看法。

旧中国是一个典型的乡土社会，具有很浓重的乡土特点。这些特点是怎么形成的呢？几千年来，汉族人赖以生存的经济基础主要是简单的农业生产方式，通过种植业的收获取得食物。种庄稼的悠久历史培植了中国的社会结构。其中的上层建筑、意识形态是用来维护这个经济基础的。中国的传统文化我曾称之为“五谷文化”。

五谷文化的特点之一，是人和土之间存在着特有的亲缘关系。1911年美国威斯康星大学的一个农业学家金（King），曾在中国、日本调查农业，著有一本《五十个世纪的农民》。他是以土地为基础描写中国文化。他认为中国人像是整个生态平衡里的一环。这个循环就是人和土的循环。人从土里出生，食物取之于土，泻物还之于土，一生结束，又回到土地。一代又一代，周而复始。靠着这个自然循环，人类在这块土地上生活了五千年。人成为这个循环的一部分。他们的农业不是和土地对立的农业，而是协和的农业。在亚洲这块土地上长期以来生产了多少粮食，养育了多少人，谁也无法估计，而且这块土地还将继续养育人，看不到终点。他称颂中国人是懂得生存于世的人。

这本书的观点对我影响很大。我在《乡土中国》里叙述了人们怎样在农业社会里把人同土地结合在一起，生于斯，死于斯。土地生产四季循环不已，人也是死了的回到土地，又生出一代新的人来循环不已。这个循环构造了乡土社会人的特点。

五谷文化的特点就是世代定居。人以在土地上种植粮食为生，土地是不能移动的，人们跟着也必须定居，聚居在一定地方，过着一种自给自足的生活。人黏在土上，只是不得已才离乡背井。所以乡土社会是富于地方性的，人口流动小，村与村都可以自成一体，互相隔绝。理想的形式用老子的话说，是“鸡犬相闻，老死不相往来”。自给自足的传统反映到现在就是“小而全”“不求人”的封闭经济。

被土地束缚住的人的生活方式是种田种出来的。种田规定了他们一定的空间流动性，规定了人同人的接触面，相互往来的人中没有陌生人，整天在熟悉的人之间过生活。熟悉是人们从长时间里、多方面的社会接触中所发生的亲密感觉。老是在熟悉的环境、不流动的社区里生活，人们会产生一种不善于适应而且想回避新事物的性格，就是那种老话中所谓土气十足的性格。在一个范围大、流动多而快的社会里，人们就会衍生一套和乡下佬针锋相对的性格。我在《美国人的性格》里说过，美国是个移民组成的国家，“萍水相逢，尽是他乡之客”。水上浮萍，根不相连，浪潮把它们冲涌到了一起。在这种社会里，人们彼此之间相处，没有什么“人情”、没有什么道义可讲，一切靠法律办事，连剥削也得按法律办。欧洲近代的思想家们宣传了多年的思想，就是人生下来就是平等的，都有独立的人格，人们一起生活应当靠个人同个人订立的契约来维持。有些学者把人际关系区分为两种，一种是“生而有”的关系，如不能选择的自己的父亲和母亲，这种关系称作status，可译作“身份”。另一种是“自由意志决定”的关系，称作contract，就是契约。西方的立法精冲就是从“契约”观念出发的。契约是具有“自由意志”的“法人”间缔结的。西方“自由”这个观念就是从这里生出来的，“人权”的观念也是从这里生出来的。

西方社会里公私要划分得清楚，走出小家庭之外，人和人得公事公办。不得介入私人关系，在英文里叫impersonal。朋友见面要先打电话约见，到了人家家门要叩门，得到了允许才能进门。如果直接闯到别人家里去就会被认为是一件失礼之事。在我国，朋友间就不能斤斤计较，越是要好，越是不分彼此，也就越personal（私人的）。到人家家里去，推门就进，即使敲敲门，说声“我”，就行了。在熟人的世界里，一声“我”就能判断来的是什么人。进而，彼此关系熟悉到一定程度就不用说话了，语言也变成多余的了。我们现在天天接触新的面孔，接触到的只是这个人的一个方面。换一个人接触时又可以是另一方面，这样就冲淡了对每一个人完整的形象，要亲热也不会亲热起来。这种情形就和传统的乡土社会不同了。

乡土社会的结构有个特点，就是以一己为中心，社会关系层层外推。我称之为“差序格局”。差序就是像石子投入水中引起的波纹，一圈圈推出去，越推越远，越推越薄：我，我的父亲、母亲，我的兄弟，兄弟的老婆，嫂子家的弟兄，我孩子的舅舅等，构成一个由生育和婚姻所结成的关系网。这个网可以一直推出去，包括无穷的人，正所谓“一表三千里”。这和以个人之间契约来结成的团体不同。团体有边有际。在这个界限之内人人平等，规定下不同权利和义务，像是一匣火柴捆成一扎。一个人可以以不同“法人”的资格进入不同团体，团体又可以以“法人”资格进入更大的组织。是和“差序格局”不同的，所以我称它为“团体格局”。

重农轻商也是乡土社会的另一个特点。熟人社会里怎好意思谈赚钱。你到瑶山去看看，挑货郎担做生意的都是汉人。为什么瑶民自己不做生意呢？他们会告诉你，我们都是亲戚朋友，怎么好要钱呢？在我国传统社会里，商人的地位最低，士、农、工、商，商是老四，倒数第一。在汉代农商孰重曾引起过一场大辩论。结果是重农派胜利了。这是乡土社会的本色。司马迁写了《货殖列传》，后世还有人为他惋惜，怎么这样的大手笔竟给商人们做传记。在我们的传统观念里，商人是敲竹杠的，是寡情无义之徒。他们斤斤计较，重钱不重情。不要说大家闺秀，连乡村姑娘也不愿嫁给做生意的人。这种轻商的意识形态背后，有着很深刻的封建传统。现在仍然流行“商贩中有没有好人”的疑问。你去做生意，大家都看着你，说你是走歪门邪道，这对经济发展是大为不利的。

意识形态是从生活里生出来的。中西社会历史不同，形成人们各自不同的思想和人生观。西方的现代社会充满了浮士德式的精神，是运动的，充满矛盾、创造、破坏的社会，崇尚追求攻取，讲究不断探索的精神。人们爱问人是什么东西？死了会怎样？关心死后的“天堂”。中国的传统社会充满了亚普罗式的精神，是个按生态循环继续下去的社会，继承的是老祖宗的传统，还要代代传下去。传统就是权威。满足于守，追求静、害怕变。连月亮有圆缺，好花有谢落都会引起诗人的伤感。西方现代社会赞美日新月异，认为古老的事物落后了，老年人落后了，后来者居上，下一代应比前一代强。中国传统社会称道越老越好，老成才能持重，认为一代不如一代。五四运动掀起的新文化的思潮，就是想跳出这个传统框子，可是这个框子有它的经济基础，生产不发展看来是不那么容易跳出的。

当前，我们正在从一个乡土社会进入到一个现代化的社会。这个变化简直太生动了！从每一个社会细胞里面，即每一个家庭里面，都能看到这样的变化。我们农村调查的新课题也应当从这里面去寻找。

农村里有了小型工业，媳妇变了，婆婆也得变。这真可叫作思想改造！以前那一套吃不开了。怎么变的？这个问题很有意思。

我曾提到过，在40年代，昆明乡下有一批农民进厂做工人。史国衡同志研究了这些人的变化和遇到的问题。我们再来看现在，农村里发展了工业，农民不一定要跑到北京、跑到石景山去当工人，而是就在本乡从事工业劳动了。不打散他们的家庭，而是把工厂搬到他们的身边。这个变化对他们的思想产生什么作用？我们不妨观察一下亦工亦农的人们，他们的思想同单纯务农的人是否已有区别？和城市的工人又是否还是不同？

我认为，这是我们几千年来养成的乡土社会向工业时代过渡的比较妥当的道路。工业放在某一个地方，它对经济变化的作用，一般人都能看到。不容易看到的是农民怎样变成工人，他们的意识形态和精神世界怎样变化。我们的农村调查不能只停留在农民收入提高多少这些方面，还应当深入到精神生活里面去，进行触及灵魂的变化。这一点需要我们下更大的功夫。

要了解农民不能单凭几个数字。要了解在他们脑子里的思想活动比获取统计数据更难。你不懂得传统农业社会的基本特点，不懂得农民的过去，不懂得传统怎样支配他们的行为，就不懂得农民，更不会懂得正在变化中的农民。

生产力变化背后是人的变化，生产力的发展冲击着人的社会关系。我们要抓住人的变化，抓住8亿农民的特点，把“土头土脑”的“乡下人”迈向现代化的一步步脚印通过研究描绘出来。

另一个课题是农村商业流通的变化。我们的传统社会重农轻商，流通不发达，保存着大量不通过货币的物物直接交易。这次我到连云港时，在一个公共汽车站碰到了一位中年妇女，见她拿着一大包花生。我问她，这些花生是从哪儿买的？她说是舅舅送的。深入一问才知道她家住在附近的一个县里，那里出大米，这里出花生。舅舅家要吃米，她这个做外甥女的就把米送来，舅舅每次都要回送给她定量的花生。严格说来这不能算是交易，但舅舅如果老是不给花生，外甥女恐怕也就不给他送米来了。在这个意义上说，米与花生不但物物交换，还要靠亲戚朋友来流通。由此可见流通渠道是多种多样的。

近两年农副业上去以后，生产力一提高，马上冲击原有的流通渠道。几个星期前，我写了一篇关于农民要汽车的文章。农民写信向我要汽车，我说这是一个重要信息。农民要流通，要现代化的流通工具，冲出自给自足的小圈子，这不是应当予以重视吗？流通要工具，要社会性的交换渠道，要流通的物质基础。农村生产商品化程度一高，生活好起来，对商业流通的要求就强烈了。这个要求也冲击了我们脑筋里对于“商”的传统观念。如果还是按士农工商那样把商人看作“臭老四”，还有谁愿意来做生意呢？我们要抓住这个课题认真搞一搞。

外国人已经能够到月球上看我们了。我们同国外的差距相当大。现代科学技术的发展不断改变着人同人、人同自然之间的关系，我们老一套中的不少东西保不住了。我是小镇上长大的人，还是很喜欢镇上的茶馆。到那里坐着，喝一碗茶，下一盘棋。可是形势不允许了。我不能再像我父亲七十多岁时那样，每天早上到苏州城小店里吃顿早点，每顿都有新花样，而且便宜得很。然后回来休息一下，找个朋友，到茶馆里落座下盘棋。我可不行了，我们不能赶上人家，我怎么能安心在茶馆里吃茶呢？时代变了，时代对我们的要求也变了。这个变化一直是从农村基础上变出来的。我们的农村调查必须抓住这一个出发点，从变字上做文章。

我从1936年开始进行江村调查，到后年就是五十年了。这五十年是人类历史上罕见的大变化，这是一个了不起的大题目。我打算明年，1985年，再去江村深入调查，能在1986年写出一本《江村五十年》。这是我的主观愿望，还不知道老天肯不肯玉成此事。这要到后年再说了。

五、家庭调查

我自己所做的有关家庭的调查是结合民族调查和农村调查进行的。我写的《生育制度》就是在这些调查基础上进行的理论分析，自成一家言。

“家”，或者叫“家庭”，是客观存在的事实。养生送死，也是客观存在的事实。在一般人眼里，不过是人生出来了，长大了，和一个异性结婚，然后又生孩子，老的时候要别人养他，最后免不了一死。就是这么一个过程。我提出这样一个问题：人为什么要生下来？有人觉得问得离奇。我对“家”的兴趣，对家庭的观察，对人类生育制度的研究，却正是由这个问题引起来的。

人们的养生送死，几千年来主要是在家庭这个社会细胞里进行的。称家庭为社会的细胞，就是因为它是人类社会里最基本的生活单位。从家庭入手研究社会，不仅有我个人的生活体验作为观察的基础，也便于我们从最基层的角度去认识社会。

我对家庭的研究，第一步就是直接观察，从中取得生动的、可靠的第一手资料。1935年，我同我的爱人王同惠一起，到广西金秀瑶山，调查花蓝瑶人的社会组织。我因为带着体质人类学调查的任务，白天和我的爱人不在一起调查。她每天晚上把她调查的情况讲给我听，我就提问题。我们一起研究，研究完了第二天再去调查。不幸的是，那次调查的代价过于沉重，我自己落入陷阱受了伤，爱人为救助我献出了生命。她死后，我把她调查的材料，以及我们天天晚上一起讨论的内容写成《花蓝瑶社会组织》。我对家庭、对社会的一些基本观点就是从那时的讨论分析中开始形成的。

我在养伤期间到了太湖附近的“江村”，我以更大的注意力从各方面观察江村农民进行基本经济活动的单位“家”，从“家”的结构、职能，到在“家”内生活的一切活动。并对观察到的情况做了记录。后来写成《江村经济》一书，这本书里有关家庭的分析占了相当大的部分。

我对家庭的观察，不是盲目地看。主要的方法还是采用比较的方法，为了比较而观察，在观察中进行比较。文化背景同我们很不相同的花蓝瑶人、江村的农民、西方的美国人，他们的“家”和家庭生活有什么不同，又有什么相同。在比较中看到中国社会的特点，亦看到各民族各国家庭的共同点。

怎样去分析观察到的事实呢？我采用的方法用现在的话讲，叫作系统分析方法。生活中的一切现象都是相互关联的。相互关联的事物组成了客观存在的系统。系统分析，不仅要把组合成系统的各个部分（即组元）在系统内部的地位与作用搞清楚，而更重要的是要把系统内部各部分之间的相互关联反映出来。这种关联是客观的、动态的。它不能凭我们的想象来描述，而要从千变万化的生活行为里边找出客观的联系和运动，由此得到一个系统的本来面目。我和王同惠在瑶山时，每天晚上讨论白天得到的材料，就是沿着这一逻辑的线索，从一个家庭，包括些什么人，到家庭成员之间的关系，一直到由许多家庭组成一个整体的社区生活的结构，把事物和现象间的内在联系比较清楚地从事实里抽取出来。在《江村经济》一书中，我从“家”开始，到“财产继承”，再到“亲属的推广”；又从家庭生活中的简单分工、工作日历开始，到社区的职业分化，再到农业、手工业、流通、财政金融；最后将两者再与土地关系结合起来。由此我分析了中国的农业问题和农村的各种关系，指出了“被土地束缚住”的社会的特点。

我的写作方法与别人不同，是在教学中围绕一个问题对学生谈想法，讲完一课就写出一章，《生育制度》和《乡土中国》就是这么写出来的。《生育制度》所述的是我个人对社会怎样新陈代谢、几千年里中国社会怎样维持世代之间关系的一套比较完整的看法。

我们的感性知识告诉我们：社会是一个个的人组成的，是一套社会身份如父亲、母亲、女儿、儿子、教师、学员……组成的。没有不死的个人，可社会却不能因成员死亡而消亡。社会要“生”下去。个人总是要死亡，就发生了这个社会与个人生与死的矛盾。只有采取用新生的成员来代替死亡的成员，才能维持住社会的延续，这就是社会的新陈代谢，社会这个实体靠了这个作用才能延续下去。实际上，我的身体里没有一个细胞能随着我的出生一直活到今天的。作为一个生物机体，每个人身上的细胞都是不断生出、不断死亡的，可我还是我，“我”是个连续性的实体。费孝通嘛，隔多少年人家还认识我。整体没变，构成我这个人的细胞却变了。但如果所有的细胞同时死了，我也就不存在了。社会要继续存在下去，同样要解决依靠成员的新陈代谢。有人“退”出社会，又有人“进”入社会。社会中的“生育制度”就是为了解决这一矛盾的需要而产生的。

人是哺乳动物，人之“生”并不只是一个自然现象，还是一个社会现象。我在一个电视节目看到：一个母亲管教孩子，孩子不服管，就说你为什么生我，又不是我自己要到这世界上来的。这话很有道理，妈妈怎么回答得上呢？在一个人“生”出来之前，为这孩子的出生就发生了一连串的社会活动。这还没有出生的孩子的爸爸和妈妈要结婚，要经过社会的允许，这个爸爸的爸爸妈妈要为爸爸和妈妈的结婚积钱，造房子。假如没有这套社会活动，世界上就不能有“我”这个人了。一个人生出来了也并不是“自在”的。他一下就进入了一个先于他存在的社会结构，已经为他规定了种种行为模式。每个新生的人都要从头学起。人正是靠了学习，继承文化的传统，掌握生活的本领，取得一个个社会身份，成为社会承认的成员和文化的继承人。他不仅自己学会就算了，还要生出孩子来，把这套生活的本领教给孩子，一代一代地传下去，不这样，不但人类不会有今天这样的文化，世界上也没有人能活得下去。

我们在日常生活中的许多行为动作发生得极其自然，以致从不去考虑应该怎样做和为什么这样做的问题。我们习惯了。习惯成自然。孔子说：“学而时习之，不亦乐乎。”我们生活的基础就是靠了这些学来的习惯。习惯本身是看不见摸不着的，我们的生活离不开这些“习得”的“惯例”。你不能创造一套个人专用的语言，只能从小去学大家已经用了很多年的语言。否则别人就不懂你的话。

人的语言、人的行为模式、人的身份等等，不是哪一个人创造出来的，而是积在社会里的个人创造，成为社会共同的“遗产”，是文化的积累。我们的行为都可以说是继承文化的“复制品”。当然每一个复制品不可能同真品完全一样，但有一个模式竖立在那儿，复制品即使有差异，也是万变不离其宗。每个人通过“学”，掌握这种模式，不学就不能生存下去。

梅兰芳在台上演《贵妃醉酒》时，身份是杨贵妃，下了台是一个以演戏为职业的梅兰芳自己。实际生活也是这样，每个人都是在一个个“角色”之间“串”，表现出各种不同的身份。什么叫身份？身份就是一套社会共同的行为方式。行为方式有它的思想感情的内容、有表现它的动作。一个人的一生中，必须通过“学习”掌握社会中整套与他的各种身份有关的行为方式。

人还要学习使用社会性的交流工具。共同的心理要用共同的语言表现出来。两地分居照样可以发生联系。一个妻子不识字，画了几个图寄给丈夫，丈夫懂了。因为这是两个人之间共同的东西，别人就不能懂。要使普天下的人都懂，就需要共同理解的传达工具。个人创造的东西成为社会的东西以后，就成了人类的共同财富。然而人类共同的财富不一定每一个人都能享受。不少音乐名曲，我不会欣赏。我的外孙女儿就说我没有音乐细胞。我对音乐这个共同财富就不能享受，要能享受得经过学习，也许不能说没有音乐细胞，只能说音乐细胞没有起作用。

人生下来时什么也不懂，可是经过学习，逐步变了。人与动物不同，人能思维，能创造，在原有社会的基础上创造新社会。在这个意义上，社会是人造的，没有人就没有社会。没有人的创造力，就没有社会的进步。因此，社会同个人，对立又统一。

生育制度中的生育，包括生与育两层意思：生出一个人来；再把这个人培养成为社会成员，以接替由死亡造成的社会空缺。这个过程什么社会都要有，只是方式不同而已。人要老，还要死。为了人这个必然的死，社会就必须发生这一过程，即社会的继替。倘若人类与其他生物一样，具有生而有之的遗传本领，那么继替的过程就简单容易得多了。可惜在社会关系中人的遗传因子只发生潜在的作用。不经过长期的学与习的过程，人无法与他人进行交往；社会也决不允许一个“自然人”进入到自己的机体。因此，人类社会的延绵不能靠生物性的继替，而只能是社会继替。既然是社会继替，社会就得规定一套继替的方式。诸如人怎么生法，包括谁与谁结合，谁来接生等等；人怎么死法，包括葬礼等等，即所谓养生送死。为了使“自然人”长成“社会人”，为确保社会新成员填补死者的社会空缺，还得有对孩子抚养、教育的种种规定。在我们的社会里，父母就有责任对孩子进行“管教”，从小坐要有坐相，吃要有吃相，错一点要打屁股。这一大套规矩就构成我们所说的生育制度。生育制度保证了社会继替的顺利进行，维持了社会的完整和稳定。

生育制度的历史来源，我不太清楚。不过，各个社会的生育制度是由它一定的文化决定的，这一点大概没有什么疑问。因为各种文化不同的社会都有各不相同的一套继替方式。因此，我认为生育制度是一个与社会并存的普遍范畴。正由于生育制度取决于社会文化，则文化的变迁也会导致生育制度的变化，这就是说，在过去、现在和将来，生育制度都有不同的表现形式，然而不管形式怎样变化，它必须包含生殖与抚育这两个基本现象。

我写出这本书以后，有各种批评。吴景超先生说，这本书好，里面讲的道理，是我以前没有想到过的。潘光旦先生说，这是你一家之言，并不是全面的分析。但我想，我的分析没有离开实际，不是空想，不是推测。我是根据各种社会养生送死的事实总结出来的一般规律。

生殖、抚育这些事情在社会里是由哪些社会团体担负呢？主要是家庭，也可以说家庭是担负生育任务的社会团体。家庭成员之间的关系是以“生”同“育”为基础形成的关系。什么是家庭？家庭是个译名。我们中国人口语里经常用的是“家”，含义很宽，如家里人、自家人等等。英文 family（家庭）的含义也很宽，但在人类学、社会学里，是指夫妻以及他们的尚未成年的子女，这是一种三角结构关系。所以作为科学用语，家庭指的是这样一个基本三角，由“夫”“妻”“子女”构成。各种变化逃不出这个基本三角。多夫、多妻、多子，总是从这个基本三角变化出来的。具体的“家”可以缺少任何一方，“家”成为一个概念，就是这个三角。它是一个社会团体、社会组织，是组成大社会的基本单位，是社会的细胞。

各种文化背景下的家庭形式是不同的，但各种社会结构中的家庭，其成员间的关系是一定的，有权利，有义务。从夫妻关系、亲子关系产生的母子、母女、父子、父女等关系。夫妻关系、亲子关系是组成家庭不可缺少的，缺了任何一项，就不是一个完整的家庭。家庭生活方式，即以家庭为单位发生的衣食住行的生活，生产、流通、消费的经济行为，以至娱乐活动等等，是人类共同生活中最基本的场所。在这个基本核心之外，还有由此而推广出来的亲属系统。在亲属制度上外国和中国是不同的。

不同社会里的家庭具有不同的特点。就拿“共同居住”来说，英国、美国、欧洲大陆的家庭，结了婚的孩子不与自己的父母居住在一起。我有一次给外国人写信说，请带你的“家庭”一起来玩。他把他的夫人和所有未成年的孩子都带来了，可他的那些结了婚的孩子都没有来。因为结了婚，就成立了自己的家庭，有独立的主权，父母不能管他，已被视为“家庭”之外的人了。

再拿“育”来说，他们那里的孩子十八岁以前不是法人，父母有责任、有权利管教。到了十八岁这条线，社会地位发生了变化，是一个社会成员了，有他（她）自己的法律地位，一个法人，有独立的社会地位。父母对他抚育的责任也就完了。里根的孩子失了业，拒绝他父亲给他的支助。如果靠了父亲的地位来谋生活，是对他的侮辱。他们的整个社会都是这么认为的。在我们这里，孩子伸手向自己的父亲要钱是不会难为情的。如果我的女儿有困难而不接受我的帮助，我会认为这是对我的侮辱。

不同特点的家庭反映出不同的社会结构，中国社会与西方社会的“养生”公式就不一样。中国的公式是：$F \rightleftharpoons F_1 \rightleftharpoons F_2$，叫反馈模式，也可叫反哺模式。上面的双向箭头表示父母养育了自己的孩子；待到自己老了，孩子反过来赡养父母。这种模式是复合的，可以超过世代，如果儿子死了，孙子接着赡养；再不行外孙也要赡养。这成为理所当然的事情。在农村“养儿防老”的意识是显而易见的。与此同时，孩子成年后，父母的责任也没有完。俗话说儿女再大，在父母眼里总是孩子，只要父母在，你到老都得受管教，尽管你也在管教自己的孩子。西方的公式是：$F \rightarrow F_1 \rightarrow F_2$，叫接力模式。失去了一个反箭头，表示子女无须赡养父母。我生育子女，子女又各自生育自己的子女，每一代只管下一代，而且只管一段时期，子女一成年，父母的责任也就完了。在那样的社会里当一名教授，工资尽管很高，但很早就要想办法，考虑退休以后怎么办、生了病怎么办，把一项一项的费用、保险安排好了，才放心。上述两种模式都有自己的好处，也各有短处，天下没有十全十美的东西。

这几年对家庭发展趋势的调查表明，中国的大家庭数目和小家庭数目都有增长。你们可以看一看全国五城市家庭调查的报告。我在考虑，假定我们真的走上西方的道路，应该表现为主要是小家庭数目的增长。而当前我们中国三代人的直系家庭也在增长，这说明了什么？究竟是核心家庭还是三代直系家庭成为我国家庭的基本模式呢？我觉得，在中国人的思想里，只要具备共同居住的条件，一般则倾向于有一对已结婚的子女同父母住在一起。今年春节里，据说铁路上有一亿人流动，干吗呢？有相当一部分是要同父母聚一聚。我们子女不是常常一有空就带了孩子到祖父、祖母家去的嘛！不像西方，一对夫妇到了周末想到去探望父母的不多，大都带着孩子到海边去了。我这么说现在还没有调查数字作证。我希望做这样一个调查，想知道有条件的话愿与父母住在一起的已婚儿女占百分之几。农村吃大锅饭时，分家分灶的很多，搞生产责任制以后，不少分灶的人家又合在一起了。城市的核心家庭增多，我认为是户口政策的限制。个人进入城市，结了婚，成了家，在乡间的父母不能住到城里来。很可能一有条件就会涌入城市，使三代直系家庭为数大增，这些设想，都还得由各地的家庭调查来否定或肯定。

目前对于家庭的调查研究，我认为还要从以下两个方面着手。一个方面是，农村经济变化对家庭结构变化的影响，看变化的内容。另一方面是，家庭职能的演变。譬如，教育以前是家庭的事情，现在有一部分由学校管了。学校是一个超越家庭的社会单位。又如，为什么我们生产责任制一下子就搞了起来？为什么家庭作用这么大？家庭的生产职能在家庭的历史发展中是逐步移出的。公社化后，生产职能移到生产队。事实证明，并不利于经济发展。现在家庭又成了经营单位，生产职能增强了。家庭结构、职能的变化，会带动家庭成员关系的变化，包括相处的关系、相互的责任、相互的感情的改变。我们研究的对象本身在改变，我们就得从实际出发，既要看到实际情形的改变，又要看到是什么力量促使着它改变。以上是我对今后家庭调查课题的看法。

六、小城镇调查

小城镇研究，是从农村研究的基础上提出来的。有人说我小城镇题目抓对了。其实，30年代我在家乡调查时就提出了“人多地少、农工相辅”的看法。虽说那是四十多年前的事，但说明小城镇研究是有根的。那时想研究却又缺乏研究的条件，发展小城镇还没有成为客观的事实。现在经过了那么多年，明白了许多道理，我们从大量事实里看到了我国农业发展的趋势。中国要走出一条具有自己特点的社会主义道路，首先要使老百姓富起来。农村责任制成功了，接踵而来的自然是发展小城镇的问题，所以我说是时间到了。小城镇问题不是从天上掉下来的，也不是哪一个人想出来的，它是在客观实践的发展中提出来的。

1982年，我四访江村时，发现了农村建设中存在着许多值得研究的问题，特别是看到了农村的发展与小城镇建设的密切关系。所以，1982年就决定从农村升上一级，去调查研究作为农村政治、经济、文化中心的集镇。应该说这是客观现实要我们这么做，要我们去认识这些现象。

小城镇调查始终坚持了两条原则：一是实事求是，二是走群众路线。实事求是就是到现场去亲自观察，理论联系实际。走群众路线就是同各层次的实际工作者密切结合，和他们一起开展工作、讨论问题。从实事求是，走群众路线的原则出发，进入有计划有步骤的实地调查。我们第一步先了解江苏吴江县内各镇的基本情况，然后加以分类。分类的目的是突出这些镇各自的特点，找出镇与镇之间的共性和个性。实际上做了定性分析的一部分。第二步是在分类的基础上进行分层，从高层次和低层次的关系上看镇与镇之间的内在联系。层次划分实际上规定了各镇“乡脚”的大小范围。第一步和第二步是横向的和纵向的分析，打破了以前在概念中兜圈子的习惯。第三步根据不同的类别和层次，定点、定人、定题。第四步进入实地调查，收集资料并进行分析综合。最后一步是请各方面的人员一起来听汇报交流，直到请专家“会诊”，开创了理论工作者和实际工作者结合讨论问题的新局面。

我们在小城镇的调查中学到了不少东西，弄清了许多我们以前并不清楚的各种现象间的联系，因而使我们的理论研究不断走向深入。关于小城镇研究的详细内容，请大家去看《小城镇大问题》这本书。今天我想讲一讲我自己在实地调查中是怎么发现问题的。

要说小城镇这个问题是怎么在我的脑子里发生的，还得追溯到30年代我刚进入开弦弓村调查的时候。我从周围的现象中感到有一股外来的力，在制约着村子的经济活动和社会生活，这股力发自村子外边的镇。那时，我抽烟很凶。到村中小店买烟，不料店里不卖整包的烟，只是一支一支地零售。店主对我说想买整包的烟去叫航船带。意思是说委托航船到镇上去买。我觉得奇怪，为什么这么大的一个村子连一包烟都不卖。村里人明明在抽烟。这个问题为我开出了一条调查的线索。我开始了解小商店，商店的规模大小、卖什么东西、每日营业额多少等等。结果和我想象的不同，商店出售的东西，品种和数量都很少。我想农民大概能自给自足，烟抽得少。可是农民家里来了客人怎么办？生活中总需要酱油、盐和日用品，这些不能自给的东西，到底靠谁来供给呢？我想起店主曾经说过的那条航船，于是我就注意起航船的动向。

原来，航船是一条很普通的农家运货的小木船，每天早上，在航船摇出村子前，村里的人便招呼船老板托这捎那，这家提个瓶子托买酱油，那家递上篮子捎点其他什么东西。船老板根本不做记录都随口一一答应，接下瓶子和篮子便放进船里。我当时既佩服船老板的好记性，还怀疑他会不会搞错。其实这大可不必，因为在这个熟人的社会里，人们彼此都了解得清清楚楚。农民家庭没有什么秘密，各家的房子是开放性的，谁家打个架四邻都听得见，消息流传得特别快。船老板能记得那么多事，其实也是这个原因。那时，从村子到镇上，水路要航行一个多小时。我跟着就坐航船到镇上去。当航船一靠岸，等候在河边的商店学徒一拥而上，抢着做各种生意，而船老板自己却去茶馆里落座喝茶了。直到下午事都办完了。航船才离镇返村。船老板在镇与村的流通线上很有点威信，村子里的米、蚕丝都靠航船运到镇上的米行和丝行。船老板因此每到年终能从镇上的丝行、米行等，得到一定的佣金和报酬。由于航船每天往返于镇、村之间，镇上的店老板和行经理也就对村子里的需求情况非常了解了。在镇旁的河面上停泊着二三百条船，镇周围的农副产品都集中在那儿。

商品流通是有区域性的。农村是生产地，产品集中的中心地就叫作镇。镇上的商品所能销售到的范围叫作“乡脚”，可称为腹地，就是集镇所服务的区域。每个镇拥有一定的农村作为自己的腹地，成为这个区域商品集散中心。

当时我的调查到此为止不能再进行了。一是时间不够用，二是我一个人单干不行。后来我的同学杨庆堃先生在山东就这方面做了专门的调查研究。在他之后，一个外国人叫斯金纳（Skinner）的，在四川平原也做了比较细的调查。他根据“地方志”和实地调查的资料，考察了中国城镇的发展史，写出不少文章。有个日本人把我们长江三角洲的镇的经济发展史也做了研究。虽然我当时未能进入这一层次调查，可是，总感觉到小城镇这种社区的存在对于农村和农民生活所发生的作用很大。

到了80年代，我的条件更上一层楼了。现在不是我自己单干了，有了一个课题小组。确实，调查一个市镇要比调查一个农村复杂困难得多，没有一组人不行。一个村子，只要找几个熟人，大体的情况就能摸到了，我可以在短短的一个月里做出结果来。这是因为：第一，村里的干部要比镇里的干部更了解自己管理的区域，因此，他们可以为我提供详细可靠的资料和情况；第二，我自己可以结识一些对村子熟悉的朋友，通过他们再进一步摸清情况。到了镇上可不行，镇上人头复杂，航船就有几百条。这次小城镇研究我还得从家乡做起，我对那儿比较熟悉，先前有过一些了解，也有一点群众关系。所以，我于1981年带了课题组的同志先去探探路。探路就是把问题找出来。

我们到的第一个镇是盛泽镇，镇长给我们介绍情况时，说到现在人口二点六万，这时我问：解放时有多少人？他说二点二万人。我一听觉得全国的人口在三十年里增加了一倍，怎么这儿只增加了约五分之一。接着我又问：最近人口是不是又增加了？他说是增加了，从农村里来的，但没有户口。我越听越觉得里面有文章。实际镇上住的还不只二点六万人。常住人员中有三分之一不在户口册上，比如“农民工”等，都不计在内。那么，盛泽本镇增加的人口到哪里去了呢？如果不了解中国人口增长的情况，很可能从这里听不出问题来，我由于有了这方面的知识，所以没让问题滑过去，没想到还一下子就找到了小城镇研究的突破口。

当时春节快到了，我们决定过了新年再去调查。在苏州的宾馆里，我碰到一位招待我们的干部，正巧是盛泽镇人。从他那里，我找到了镇本身人口增加而没有记在现有镇内人口数上的人的去向。我很高兴他能对我说一些关于盛泽镇的情况，可是要过年了，他可不能早回家。他说晚两天回家不要紧，只是车子太挤，成千上万的人要回去，不容易买到车票。我说：好哇！我就是要找那两万上下的人！原来他们都到了上海、苏州的城里去了。我从这里抓住了一个关键的问题：为什么镇上的人口三十年增长得这样少？后来我去调查时得知，除了个别例子，吴江原有的很多镇，人口都下降。直到党的十一届三中全会以后才回头上升了一些。

我们一个镇一个镇地去走访。在铜罗镇我们算了一笔细账，包括哪一年走多少人、走的原因等等。铜罗镇的人说，土改时走了不少人，后来“对私营改造”又走了不少人。可是人走了给镇上留下什么后果呢？许多小店铺、茶馆关了门，粮食部门的干部代替了镇上的米行。接着又合并了不少小单位，原来在那里做生意的人统统被当作“资产阶级”或“资本主义尾巴”被赶跑了、割掉了。

像铜罗镇这样的情况在其他小城镇也不同程度地发生过。几乎都是因为镇的原有职能即流通渠道发生了变化，所以人才走了很多。不是走到乡下去就是走到城里去了，如果这种现象仅仅局限于一个镇的话意义还不大，但是全江苏省、全国差不多都出现了这种现象，它的意义就大了。胡耀邦同志1980年到云南视察，看到保山县的板桥镇萧条冷落、破旧不堪的情景，便说要恢复小城镇，发展农村的商品经济。要使农村的知识分子留在农村，为建设新农村服务，必须建立农村的政治、经济和文化中心。他的话对我们启发很大。可在天津市，这些话传达下去了，半年过后一查，连影子都没有。县里只抓农业生产，不搞商业，工业也不抓，走的还是老道。现在天津不同了，乡镇工业大发展，在华北走在前列了。

十一届三中全会以后，江苏的小城镇很快兴旺了起来。看到这种情景，我们起初都以为大概是流通渠道有所改进引起的。可是事实与我们的推测不同，直到现在商品流通不畅通还是个严重的问题。苏南小城镇的兴旺是由于有了工业，这是个新东西。镇从繁荣到萧条，又从萧条到繁荣，这个过程就需要问几个为什么。不要一上来就根据书本上的老话下定论。我们看到的苏南的情况是工业先出来。当时，农业生产力还没有很快发展，商业系统的供销社还在国营化的圈子里出不来。商业局和供销社一个在镇上，一个在乡下，加上粮食局、水产局等，把住了所有的流通渠道。其间只有一个因素变化了，那就是农民自己办起来的工业出现了，那时叫社队工业，现在叫乡镇企业。

社队工业我比较熟悉。30年代我姐姐就在江村搞了生丝精制运销合作社。可那时是由一个专科学校负责帮助一个村子的农民办的，一离开学校师生的帮助，农民就办不起来了，因为当时不存在农民办工业的条件。尽管想了很多办法支持它，日本人一来就全完了。日本入侵者仇视中国的丝绸业，他们到震泽以后，做的第一件事就是把丝厂炸掉。农民害怕了，自己把村里合作社的机器拆掉了，一点都不剩。这是我在30年代讲的“人多地少、农工相辅”的结局。经过了四十年，人更多了，地更少了，可是一直没有正视人多地少的问题，除了70年代开始采取了计划生育的措施外，不是从积极方面去发展生产力来解决人口问题。在农村里人口在涨，而生产上的措施还是维持原来的那一套，“以粮为纲”。60年代有一阵人们觉得工分不值钱了，“大锅饭”越吃越少了。产值赶不上产量的增加，人均收入更赶不上产值的增加。因为人多了，大锅饭里的饭每个人分得越来越少了。到了70年代，出现抢工分的现象。一闹，才感到人口太多。可是大城市进不去，镇上又萧条，在无奈之下，一股无法再压抑的力量促使大家走上了发展社队工业的路子。

现在看来，人多地少只是发展社队工业的内在因素，而“文化大革命”这一特定的社会条件是它的客观条件。“文化大革命”中下放的很多干部，去农村插队的知识青年和退休回乡的工人，在当时起了不少作用。第一把知识带下去了，第二把社会关系带下去了。那时，城里生产不能正常进行，任务完不成，于是工业就下乡了。

社队工业是集体性质的，其收入除了向国家交税，不需纳入计划经济。这样，赚了钱可以直接提高农民收入，办学校，支持小镇的建设。大家知道有一种比芝麻粒还要小的药，叫“六神丸”，装“六神丸”的瓶子要有个小小的橡皮塞。塞子虽小，力量不小，它支持了震泽镇上的一所重点中学。这所中学办得很好，相当一部分要归功于办了生产“六神丸”瓶塞的小工厂，为教学提供了不少资金。当然这个厂并不是社队厂，但道理一样。社队工业的发展使农民尝到了甜头，整个苏南各地出现了新的局面。吴江县有个莘塔镇，处于上海与江苏的边界上，是个水荡密布的地区，像迷魂阵一样，水网错综，像天津的街道，不识路的人转不出来，解放前土匪很多，又乱又不安全，许多人出走到上海做工、当保姆。现在这些人看到家乡变化可喜，便回来搞工业了。他们生产各种各样的灯泡，有的还外销；他们利用汽车底盘敲出保健车、小客车等各种车辆，还搞电梯的装配，四年时间就使自己的乡镇换了新貌。他们用三百几十万元钱建造了新的电影院，改造了街道。莘塔镇的变化不仅是吴江县的普遍现象，而且在整个苏南地区都能看到。沙洲的欧桥大队，许多人都去参观过。第三世界国家的人去参观的时候说：“你们已经现代化了。”我到他们的招待所一看，比北京的“一招”还要高一级。此外还有说书的书场、电影院、托儿所，原因就是搞了工业。

我于1980年春节在人民大会堂发过一个言，介绍了苏南社队工业的发展。当时还引起了不少不同意见。有人说社队工业挖了社会主义的墙脚，是不正之风，是资本主义复辟的温床，各种帽子都有，问题提得很严重。那么办社队工业究竟是对的还是错的呢？不同意见持续到去年下半年，中央直接派人去调查。1984年的1号文件、4号文件才肯定了乡镇工业在社会主义经济里的地位。我说对任何事物的认识一定要有个过程，不同意见能够发表是个好事。有了不同意见，我们就既看到它的坏处，又看到它的意义；反复进行研究，再下结论，制定一个合乎实际的政策。这个过程是好的，是民主的，不是戴了帽子不许说话。很多知识分子从这个事情的经过里受到了鼓舞，感到我们有了作风上的改变，有了实事求是，有了群众路线。

为了进一步探索小城镇问题，我们对苏南的调查总结了几条："无农不稳"，即没有农业，经济站不稳；"无工不富"，即没有工业富不起来；"无商不活"，即没有商业经济活不起来；"无才不兴"，即没有教育和科学文化就不能继续前进。

以上所说的只是苏南的经验，苏北小城镇的情况怎样，还需要做直接观察，然后再做比较分析。于是在今年我们越过了长江，在苏北进行调查。苏北原是比较落后的地区，有些地方在解放后长期吃粮靠救济。直到80年代才成了提供商品的基地。那么，在农业生产迅速发展后，苏南的经验能不能适用于苏北呢？

为了寻求答案，我们按照江苏经济发展的不平衡性划分了三个区域，即苏北、苏中和苏南。苏北包括四个半市：徐州、连云港、盐城、淮阴及扬州的一半。苏中包括两个半市：南京、镇江、扬州的一半。苏南包括苏州、无锡、常州、南通四个市。这个划分不同于地理区的划分；地理区的划分依据是长期的稳定的地理条件。我们是按当前经济发展水平的特点来划分的，可以称为社会经济发展区。这三个区域的经济特点，以工农产值的比例作为主要指标，苏北工少于农，苏南工多于农，苏中是工农各半。

在苏北地区内部发展也不平衡，该区的西北片与东南片不同，西北片是工三农七，由此产生了很多特点。其中的一个显著特点，是作为经济文化中心的小集镇比较少，停留在不发达的日中为市的赶集的阶段上。这一片的工业几乎全都集中在县城里，出了县城就看不到像样的工厂了。从西北片向东到连云港，工、商业的情况就逐渐好转。到盐城就出现了农六工四的比例。扬州以南则为对半开。在西北片，自徐州向西，一个沛县、一个丰县，一路上看不到工厂的烟囱。县里都仅有一个镇，我称它为“独生子女”。沿公路两旁只有几个石灰窑，可是县城里搞得好漂亮，我说有点像搞“计划生育”，独生子女得的“奖励”。县城之外的商业主要靠“赶集”。从地图上看，徐州是南北的交通要道，应当说是交通便利的地方，而且还出煤，有这样的优越条件，照理它周围地区的经济应当发展得快一些。我小学时就念到“陇海路”，现在“陇海路”两旁的人还在那儿赶集。这一片地方农业是赶上来了，可工业微乎其微，远远落在其他地区的后头。

从整个苏北的情况看是农超过工，生活水平不如苏南。对应了“无工不富”的经验。那儿有一种空气，认为只要靠种粮食就能上去。与以前那种吃粮靠救济的日子相比，现在成了商品粮基地，这的确是个大翻身。但据此以为城乡关系已经拉平了，农民收入与镇上人收入一样，没有差距了，因而满足于搞好农业。我说这不是有希望的路子，因为单一化的农业生产，路子还会越走越窄的。我们应当把目光放远些，苏北应当重视在工业发展上与苏南的差距。

在苏南，工农比例普遍达到了七比三，沙洲县是八比二，最高的少数大队已达到了九比一。这种总产值中，工业产值占绝大多数的情况，并不意味着该地区农业生产的衰退，恰恰相反，工业比例的升高稳定了农业，使农民生活的提高有了保障。如前年农业遇灾，苏南不少地方农村的人均收入，还是增加了一百多元。未下去调查以前，我怎么也不会相信农民家里会有空调设备，还有“万元户”。下去一看，才知道这并不奇怪，因为不少乡村的个人收入相当于副教授级，村子里屋顶上密密麻麻都是电视的“天线”。这些都是办工业引起的变化。

看来，苏北还应当多注意乡镇企业的发展。粮食固然要种好，可是走哪一条路可以富得更快、富得牢靠，应该仔细研究。苏北地区原先的亩产低，国家的征购任务轻，现在粮食多了，粮食部门收不了那么多余粮，农民卖不出去，只好喂鸡，这是好办法。鸡多了商业部门又收不了，农民只好自己用自行车拉着下江南卖。跑到上海来回要一个星期，能赚一些钱。流通渠道不通，年轻人就跑出去做长途运输与销售；他们带点儿饼，一个钱不花，睡在路旁，又苦又累，然而收入还是有限。实在卖不了的粮食就搞小粮仓。以前是送救济粮，现在成了商品粮的生产基地之一。领导还没有处理过这样的局面，粮食收购、包管、销售整个儿跟不上。

苏北的外流人口中，具有工业技术的不多。苏南人在上海做工，家仍在乡下，平日寄钱回家。上海的钣金工无锡人特多，有人称之为“无锡帮”，在上海机电行业中独占鳌头；解放初，他们还不断从家乡介绍人去上海。在上海这个工业城市里培训出大批无锡技工；无锡社队工业的发展就靠了这批人回来。这批人与上海各工业系统有种种关系，通得上“路”。这是他们工业发展的历史传统基础。苏北呢？据说上海市民中有一百万人祖籍在苏北，可他们的家乡没有得到这些住在上海的家乡人的支持，离乡时大都是出卖劳动力，拉洋车，干码头工人；上海的许多粗重的工种几乎都是苏北人干的，他们没有机会学会技术，没有技术的资本。两种不同的人口流动，结果大不一样。苏北的盐城算是唯一的例外，工业产值到百分之五十了，一查问，他们办工业还是靠了上海的技术力量。我写的《小城镇苏北初探》，概要叙述了苏北的情况和出路问题。

在许多方面，苏北具有自己的特点。在对这一地区调查时，我们发现了一个很有趣的事情。地图上标示的地名，很清楚地表现出地区集镇发展程度的特点。徐州东北面叫“楼”的居多，无“集”“镇”名。向南有好几个县，带上“集”字的地名就多了。到连云港附近有了“镇”名。再往南称“镇”的地名多起来，带“集”字的地方相应地减少了。

什么叫“集市”？我查了《康熙字典》里的“市”字。它是买卖之所，即人们在约定的时间卖出买进、交换物品的地方。一般称“赶集”，赶，就是要紧紧地走；赶集的人要在当天回家，所以集上最热闹的时刻是在中午，称“日中为市”。

买卖发达了，出现了货币。没有货币的时候，人们是以物换物。经济活动发达了开始出现专业的商人，最早就是那些贩子，他们把别人生产的东西买下来，转手卖给消费者，就是所谓“流通”，商品由他们转手。《康熙字典》引用汉代人的著作中已经提出在市集有贩夫贩妇，他们等到太阳偏西，带着自己生产的东西来赶集的农民手上还有没有找到卖主的货物，挑回去太重，就愿意廉价出售，这些贩夫贩妇就把这些东西买下，第二天再用高一些价钱卖出去。贩子就是商人。随后商人渐渐多了起来，各自找到固定的地点，设一个临时售货亭。久而久之固定下来成为店铺。店铺多了，就连成了“街”，街连街就是镇。

在传统概念里，镇里的经商者被人看不起，人们提到“贩子”就讨厌。不仅社会主义反对资本主义，封建主义也反对资本主义。历史上有帝王将相、文人学士，就数“商”的地位最低。这种概念影响到现在，人们至今还有人认为商、贩是“敲竹杠”的，商人不是好人，是搞资本主义的。这个传统真厉害，我们从小就听到这套东西。看来，意识形态里的东西有顽强的惰性，它与物质世界的发展之间，可以有很长的一段惰距，不容易转过来。

或许正是这种惰距的反作用，使商品流转畅通无阻，要比落实责任制难得多。责任制搞得快，是因为有家庭做基础。流通，若是好人不搞，必然是坏人去搞，传统就是这么看的。当然，责任制也不是没有阻力的，“万元户”也不那么好做，有的还要一家一家去送礼，怕别人说你“暴发户”。人们一听“暴发户”，还会有好脸色吗？传统是忌讳这个的，不如不发财来得好。我说这种思想要改变，但变起来很艰巨。例如，讲究效益与劳动密集型两个概念，我们往往倾向于只接受后者。因为传统观念是不讲效益的，农业与小手工业的生产方式就是今天做不了，没关系，明天接着做，明日何其多！其实，只有劳动密集，不讲效益，生产率还是上不去的。由此可见，心灵深处的旧东西太根深蒂固了，我们的责任就是要把在现实生活里看到的现象，以及支配这些现象的观念，有条有理地揭示出来，用大家都懂的语言写出来。

小城镇研究的深入，需要我们花更大的气力。就拿“集”这一个字来说，抗战时，我在内地看到的“赶街”，同现在苏北的大李集是不同的，前者是集，后者是集加镇。苏北所称的那些集镇，实际上还处在苏南的镇和云南的集中间。社会学研究所的张雨林同志，在苏北整整搞了半年工夫，就是想弄清楚这个“集”。其中很有些道理，现在的盐城天天“赶街”，摊子正在逐步变成店铺，集也在逐步转化，在那块地方，集与镇的界线开始分不出来了。这里内容很丰富，值得我们去深究。

我们在分析一个个具体的镇的基础上，看到了一种情况：镇，如果不同政治相结合，它就可能衰落下去。但是，政治中心不一定是最好的经济中心。因为，经济中心是以自然条件与经济发展相结合而确定的，这是一个值得注意的课题。

一切事物都处在变化发展之中，对小城镇的研究，今后还会出现新的内容。“七五”规划将继续把这个研究深入下去，希望我们大家都做有心人。

七、知识分子和智力资源调查

我对知识分子的调查是密切和各时期的知识分子问题相结合的，因此，我得讲一讲我国的知识分子问题。

知识分子作为社会中的一个特殊阶层，在不同的历史时期有着不同的地位和作用。在中国社会主义时期，这个阶层应放在什么地位？其作用如何评价？这些问题很早就提出来过，也有过一些结论，可是在实际工作中没有得到真正的解决。回想新中国成立之后的发展时期，国家建设急需知识分子的协力合作，而由于当时的历史条件，对如何使用知识分子存在着不同的看法：一种看法，认为中国的知识分子一般是爱国的，过去受过帝国主义和国民党的压迫，解放后就存在着为人民服务的积极性，为了社会主义建设就应该放手使用。另一种看法，认为旧社会过来的知识分子阶级烙印深，在头脑里充满着封建、资产阶级的思想，必须和民族资产阶级一样进行社会主义改造。前一种看法，直到70年代后期，党的十一届三中全会之后才占上风，在过去近三十年里，后一种看法越来越压倒一切，“十年动乱”达到了高峰。

我在解放前就参加了中国民主同盟。民盟是一个知识分子组成的政治团体。解放后，我在民盟中央担任文教工作，经常接触知识分子。当然更重要的是我自己就是一个有代表性的知识分子。当时民盟的工作，主要是执行党的团结改造知识分子政策，我当时对这个政策并没有怀疑。清华一解放，我就主持当时所谓“大课”，就是全校师生共同学习社会发展史等马列主义理论课程。我写过一篇记述清华进行思想改造工作的文章《艾思奇三进清华》，写得有声有色，在《学习》杂志发表后，陆定一同志还叫我去，批评我火气太大；用现在的话说是太“左”了。我当时作为一个知识分子的感受，反映在我那个时期所写的许多篇文章里，后来收集成一本小册子叫《我这一年》。现在可以认为是一本历史研究的资料，确实反映了当时知识分子的心情。

我在这段时期，一直注意收集知识分子的思想情况，陆续通过民盟组织向党反映，很得领导上的重视。1956年，国务院成立了个专家局，专门处理知识分子问题，我被任命为副局长。我曾向领导建议两件事：一是建立智力档案，把中国究竟有多少专业人才摸摸清楚；二是实地调查知识分子里存在的问题，设法促进他们的积极性。我自己就衔命利用去西南进行民族调查的机会，顺便通过民盟的机构进行知识分子调查。

最近，我读到周恩来总理1957年4月24日在中共浙江省委扩大会议上的讲话节录，里面曾提到过我的这次调查。他说："各民主党派联系群众的方面不同，可以听到一些不同意见，对中国革命和建设是有利的……如民盟，它在知识分子圈子里可以听到更多的意见。有一次我来杭州，回去时在飞机上看了费孝通先生的一篇文章《知识分子的早春天气》，把知识分子心灵深处的一些想法都说出来了。共产党内也有不少能写文章的知识分子，但这样的文章我看是写不出来的，就是有这种想法也是不写的。"[①]周总理所提到的那篇文章，就是我从西南调查知识分子回来后写的。这篇文章的政治评估是另外一回事，这里我只想说，周总理是认为它写到了"知识分子心灵深处"的。

我怎样摸到人们心灵深处的呢？我想关键是在调查者与被调查者的关系上。我是以帮助盟员同志们解决阻碍他们发挥积极性的问题为目的的，而民盟同志也是真心实意地想积极工作，在社会主义建设中发挥作用。所以双方有共同的基础。其

① 周恩来. 周恩来统一战线文选. 北京：人民出版社，1984：349.

次，我自己是个知识分子，和其他知识分子心心相印，有共同语言。我有一次曾说，我见到钱伟长不用说话，看他的这副面孔就知道他心里在想些什么了。这当然是夸大之词，但是我确实在“知识分子圈子”里容易听到真心话的。

一切科学结论是否符合实际，首先是要看它所根据的素材或所谓数据是否真实。我在知识分子里进行调查，能得到比较真实的素材，不仅由于我自己是个知识分子，而且在当时说，是个知识分子所信得过的人。这个道理适用于一切调查工作。要做好社会调查，必须首先建好调查者与被调查者的关系，要互相信任。这个道理，也可以用“十年动乱”时“四人帮”派出来的外查内调来做反证。我自己当时是个经常要被调查的人，要从我的口中找到适合于“四人帮”用来诬害人的材料。我心知其意，所以总得千方百计说假话来掩护我所认识的人。这是个极端的例子，但是也说明了，要从别人口中取得实情，没有一定相互信任的关系是不行的。在资本主义国家里用金钱来收买。在我们是以“共同利益”为基础。这个看法我在《迈向人民的人类学》一文中，有比较详细的说明。

我在调查时采取的具体方法，主要是串门访友，然后找出一些问题，如党对知识分子的信任，他们所得到的待遇，业务工作上的条件等等，分别开专题座谈会，和盟员同志共同商讨。由于我对这样收集来的材料具有亲切的感受，所以比较容易接近人们心灵深处。

我这段时期对知识分子的调查，带来的个人遭遇，在座诸位是都知道的。我本人是个知识分子，自然应当接受中国知识分子共同的命运。这是历史决定的大事，没有什么可以抱怨的，以我个人来说，最遗憾的是在我自己的学术生命里丧失了二十多年，那是无可追补的。当我有条件恢复调查工作时，我在1981年又受民盟的委托，去西南进行知识分子调查。这次调查是配合党落实知识分子政策的工作。在二十多年中，像我一样遭受冤屈的知识分子为数众多，遍布全国，极左路线造成的创伤是极大的。这些冤案要平反、改正，所以各民主党派要出力帮助被害的成员得到正当的处理。

我在上述的目的外，还想趁这个机会，多了解一下当前知识分子中还存着些什么问题。到了地方上初步一摸，就发现这次调查和上一次调查的情况已有一定的区别，这区别倒不只是在调查对象这方面，也包括在我自己这方面。一转瞬间我已过了二十多个年头，像我一样年纪的知识分子还活着的已经不多了。现在知识分子队伍里绝大多数是中年知识分子。如果我依旧采取串门访友的办法来找问题，限于接触面，一定不容易抓到要害。在和我年纪相近的知识分子中，主要是冤案错案的问题，免于遭殃的人不多。但是，中年知识分子中，这不是多数人的问题。要去发现中年知识分子的问题，由于我直接熟悉的人不多，所以采取了用问卷开始的方法。我和少数中年盟员一起搞出了一套问卷，发给了昆明市的全体盟员，经过统计，我发现，中年知识分子问题的严重性，他们的收入低、生活负担重、身体多病，而且工作繁重。我就根据这次调查的结果，迅速向领导反映，引起了重视。

就在这次调查中，我对知识分子问题的认识上有了新的体会。过去我心目中的知识分子问题，是一个一个知识分子所感受到的问题，比如，收入低、身体差、不受信任等等，经过这次调查，我自己觉得眼界扩大了一些，看到了我们国家整个智力资源的问题。当然，我向专家局提出搞知识分子专业档案时，也有了这种想了解中国在各门学科中，有多少实力的问题，但是不经过这一次“文化大革命”，我是不会这样深刻地感到开发智力资源这个问题的重要性。

这里牵涉到对知识的认识问题。知识固然是在一个个人的头脑里，离开个人就不能有知识。但是每个人都没有从母胎里带来什么知识，母胎里带来的只是得到知识的能力，一切知识都是在出生之后学习来的。孔子的《论语》第一句就是“学而时习之”，颇有见地。人的生活方式是靠学习来的。不是生来就会的。这也就是人之所以和其他动物不同之处。学习就是知识传递。从哪里学来的呢？个人知识的来源是社会。社会是众人的知识库，这个库房物质上是社会上所有人的头脑，而其内容则是这个社会长期历史的累积。个人的知识取之于这个宝库，然后加上个人的创造，又回去保存在这个宝库里。储存在这宝库里的知识总和，就是我所说的智力资源。

“四人帮”给我们国家和民族带来最大的损失就是削弱和损害了我国的智力资源。个人的冤屈事小，国家智力资源的损失事大。因为在现代世界上，还是个列国争雄时代，而决定胜败和存亡的，就在智力资源的强弱。物质破坏很快可以恢复，而智力资源却是项“百年树人”的长线事业。

我们要充分认识到智力资源对自然资源的作用。知识分子是生产力的一部分，是科学开发的生力军，是中国社会主义建设中不可忽视的力量。他们过去就为国家创造了大量财富。李四光之前，人们不知道中国有石油，点灯要买洋油。可是，李四光懂得地球结构产油的原理，结合中国实际，得出中国有石油的结论。现在，我们快要成为一个产油国了。这个例子说明自然资源只有通过智力资源才能发生经济效益。

我们中华民族要继续发展下去，要走到人家的前面去，那不是件说空话就能做得到的事。我们必须实事求是地分析一下中国智力资源的实况，据1952年普查，我国至少有二点二亿人是文盲或半文盲，受过高等教育的人不过一千万，这和现代先进国家的差距太大了。如果我们还不能看到问题的严重性，那么等待我们的只能是失望和痛苦。记得汉朝的刘邦，起初最瞧不起儒生，说打仗靠力气，要识字干什么。后来得了天下，才使他悟出了这个“天下能马上得之，不能马上治之”的道理。我想，这个历史总结，人们不会不知道，可就是没有决心去接受这教训。

日本为什么发展得这么快？我看这与他们总结了维新以后的经验，抓了智力的培养是分不开的。第二次世界大战时，日本人对美国的原子弹毫无办法，它把日本炸成一片废墟，给日本人民带来极其严重的灾难。就在这样艰苦的条件下，日本政府决定，小学教员的工资不许降低，孩子们吃的粮食由国家供给。二十几年过去了，这批当年的孩子都成了现在的骨干力量，他们的智力水平，能够接受最新的科学信息，他们对日本的发展起了决定性的作用。现在应该承认，人家那样做是对的。50年代时，我国与日本的发展水平差不多。相隔三十几年，差距拉得这么大。有些东西拿来了，我们还不会用，甚至上了一些当，还不自觉，还以为人家是好意。想起来真叫人痛心。

我国三十岁左右的人，在上中小学时正逢“文化大革命”，是黄帅们的天下，一代人的智力发展就这样被损害了。一个人被抄走的东西可以重新取回来，可是一代人的智力损失，怎么弥补，却是个大问题。许多青年虽然在大学念了几年书，可是出来到了工作岗位才发现自己掌握的东西太少，太有限，甚至用不上。他们是今后的骨干，有多少人呢？一年一千万；五六年有多少人啊！确实是一代人的问题。

我们的知识分子队伍正处在青黄不接的时候，下一代接不了上一代。我自己的水平本身这么低，可是要找一个接替我的人都很困难。难怪人家说，现在有几个教授能上讲台，不用讲稿就能讲课的？可是，我碰到的老师却都是这样的，从来没有照本传达的教学法。当前的中年知识分子，毕业于“文化大革命”前，一入大学就碰上“四清”，上山下乡，念了多少书？现在努力、补课都感到吃力了。再往下去问题也更多，一上高中就文、理分科。说一句不客气的话，这不是搞教学，而是在搞科举。我们的祖国正要靠他们来复兴，他们是我们国家的本钱，难道我们不应该多想一想怎样恢复和发展智力资源的问题吗？！

再说农民，虽然他们有进步，可是这个进步看来不是靠文字。为什么文盲这么多？农民为什么不要识字呢？第一位的原因是生产力落后，知识传授还是靠传统的口口相传的办法，以个别知识、个别经验为基础，不追求普遍原理。第二是生产关系落后。很长一段时间里，我们的制度是吃大锅饭的性质，没有知识照样吃饭，出现了反知识、反理性的潮流。可是一旦实行了责任制就感到知识不够用，有些人连种田都得重新学习。

工厂也有这个问题，许多人边生产边补课，人人都感到知识不够用。现在我们应当研究技术工人怎样培养、在哪里培养等问题，这是关系到中国能不能现代化的问题。

智力资源的调查，是一个宏观的调查，我从昆明的民盟盟员知识分子调查开始，又倡议建立智力档案。过去我们国家的人事档案是为阶级斗争服务的，祖宗几代的阶级出身很完整地记下来，甚至道听途说的“小报告”，也原封地保存在档案袋里。这些显然不能适应当前现代化的要求了。是不是能搞个专业档案呢？凡是有专门技术和有学术专长的人，把他们的情况如实地上档，有了电子计算机，要用某种人才，一下就能找得到姓名。其实，我的业务档案在美国早就储存起来了，连别人的文章里引用过我的著作的频率都有数据。这并不是难于做到的事，但总得有人动手做才能实现。为此，我倡议民盟带个头。现在表格已经发给了全部成员，明年（1985年）春节前看，就可以训练一批人员，在各地把资料输入计算机。听说教育部也已为全国高等院校的教师做了登记，也输入了计算机。

接下去是怎样利用这些数据进行分析研究了。

要开发智力资源，离不开教育，民盟作为一个智力集团，拥有几万个各级学校的教师。因此，为了配合党提出的教育改革，已经多次在盟内进行讨论，把各种意见整理出来，向领导反映，这也是一种调查工作。社会调查，在这个意义上说，也就是领导在被领导中走群众路线的方法。这个方法可以适用于各部门的工作，是行政工作科学化和现代化必须采取的方法。我想在这里附带说几句。

我们在天津开始过有关家庭问题的问卷调查，后来天津市政府采取了这个方法，在去年进行了一次民意测验，称作千户问卷调查，就是在天津市内抽出一千户做样本，让他们填写在生活上感到困难的是哪些问题。有了这个调查，天津市政府就根据群众的意愿，定出当年要为市民解决哪些问题，做哪些事。这样取得了市民的赞扬。有人主张在中国也搞美国盖洛伯式的民意测验，我并不支持，因为我相信我们完全有条件通过天津那样的“千户问卷调查”，更真实地反映群众的意见，因为我们社会主义国家，一切工作是以人民利益为出发点的，所以一定能够通过人民直接主动地参与，取得更正确的民意反映。

从智力资源的概念出发，不但注意到了它和教育的关系，而且也注意到它的流动和效率。这就结合到了我上面在民族调查中所提到的，知识分子从边地外流和倡议智力支边这件事。另一方面是智力怎样扩散的问题。1984年我到内蒙古赤峰去开展边区开发的调查时，在翁牛特旗的驿马吐科技村，看到新的农业知识怎样从村领导一级，传递到农民手上变成提高农业生产的力量。这项研究阐明，在一定文化程度上，知识的运动是必须通过一定的层次。在文盲和初小程度的农民中，以驿马吐村为例，从村一级到生产户，中间有五个科技知识传递的层次。这是因为在这些生产者中间，主要是以直观口传为知识流通的媒介，如果和现代化的国家相比，差别就很显然。比如，拿我在加拿大参观过的一个农场来说，一共有一千公亩的土地，只有一个四五十岁的"农民"管理，田间作业全部是机械化。这个曾受过高等教育的"农民"，从杂志上取得机器更新的信息，又从说明书上看到怎样装备和运用这些新机器。其他科技知识可以直接从大城市里取得，通过文字为媒介。

智力的开发离不开信息，所以智力资源的研究和信息的研究又连上了。我们在乡镇企业的研究中，就着重调查了在这种企业里信息所起的作用，而得到社会经济区域发展的概念。这说明社会调查是不断发展的，它是和理论密切结合的。它不仅是社会研究资料的来源，也是社会理论逐步深入的门径。客观存在的社会事实，互相制约和互相促进，密切结合成一环扣一环的系统。我们只有勇于接触实际，解剖实际，顺着事物之间的内在联系，就能一步深一步地反映出存在于实际之中的规律，那是社会学发展的不二法门。

现在我们正处在改革的时期。要改革确实也不容易，问题太多、太复杂。我们不能凭主观意识，对什么不满意就改掉什么，要找原因，搞调查，还要因地制宜。我觉得中央的担子很重，我们大家都要出把力，把最需要创造、也是最困难的时期度过去，进入我们共同想望的美好的未来。

听了今天的课，想必大家会感到做一个知识分子不容易吧！大热天我可以在家写书，比这儿舒服多了。可是我还是挑了一个不舒服的事做了。为什么呢？我总希望我们这个智力结构能改变一下，要对历史损失的部分进行补课，这不是空话。要帮助一切受损害的人尽可能复原，需要我们做许多繁重的工作。有的老同志退休了。有了一套安适的房子，我说这很好。可是我还不能这么做，许多事还没做完。在座的有些同志千里迢迢赶来听课，出了不少汗，我希望你们的汗水没有白流。想想我们的智力资源的处境，怎么不急起直追，为它的发展做出一些贡献？！“亡羊补牢，未为晚也！”你们还有几十年的时间可以工作。我虽然年纪大了，自己的时间不多了，但是对大家还是抱着很大的希望。

八、社会学的重建和发展

在中国各大学里停顿了近三十年的“社会学”，于1979年又复生了。

在1978年提出恢复社会学的时候，社会上真正了解这门学科的人可以说是寥寥无几。几十年的宣传都说它是反动学科，没有做出过正确判断。这不是哪一个人的过失，是历史过程造成的。学过“社会学”的人，思想也很复杂，因为他们自己是当时当地社会意识形态的一部分。经过“大批判”，在口头上为了“过关”，说了一些批判的话。事实上旧的社会学确实有很多与中国社会不相适合的地方，甚至有阻碍社会发展的作用。我们批判揭露了它的坏的一面，人们可以从反面吸取有益的教训。亦因为这些，不少人对正面的东西也持着怀疑和保留的态度，不敢加以肯定了。无论怎么说，停止一个学科总是不对的。胡乔木同志在1978年与念过社会学的老先生聚会，商讨怎么恢复这门学科时，表示过去的做法是不对的。他指出了，从学科的内容上要变，要更新，要我们站得高一点，对自己、对学科本身都要有正确的认识。

人在对客观事物进行认识的过程中，总会受到社会条件的制约。事实告诉我们：首先，一个人是跳不出他所处的社会地位的，他的看法和思想，反映了他的地位，他总是从这个地位出发去看客观事实。其次，人的认识也永远不会完美无缺，没有绝对真理，只有相对真理。人的认识总是随着事物的发展而不断发展、更新。它是在原有的基础上肯定一部分、否定一部分，另外还要创造一部分。对于“社会学”的认识也是这样。然而，社会学毕竟停止了几十年。要人们放弃已经长期改行的专业再来从事屡遭批判的“社会学”，心里终究不那么踏实，没有多少把握，自然要心有余悸。

1979年，胡乔木同志又说，不能等了，希望能在各大学办社会学系，把架子搭起来，这一任务无疑就落在我们身上，尽管那时各人还有顾虑。

我要说说我自己是怎么会下这个决心的。在十年浩劫里，我们许多社会学界的老师、朋友没能像我这样活过来。我这余生可以说是得之意外。我觉得，我应该好好地用它来在事实上证明“社会学是一门可以为人民服务的学科”。为了给前人昭雪，为了实现我早年的夙愿，也为了使后人不背上包袱，一种责任感，成了一种内在的力量，使我毅然打消了先前的顾虑。同时，从继续认识中国社会的意愿出发，我要在我的晚年为社会学学科的重建尽点力。

要使更多的人来从事社会学研究工作，首先要改变“怕”的状况。而变“怕”为“敢”的关键，是摘掉社会学“反动”的帽子。摘帽人应是党内的负责同志。1979年3月，酝酿成立社会学研究会，一些老先生和党内支持恢复社会学的同志，以及社会上同情社会学的人，都来参加了。会上，胡乔木同志讲了社会学与历史唯物主义的关系，并且强调历史唯物主义不能代替社会学，指出社会学是在马列主义思想指导下，科学地研究中国社会的一门学问。

每个中国人都知道，中国社会是个什么样子，问题是知道得并不自觉。人类还没有完全达到“自觉”的境界。人们首先认识的是社会外部的客观世界，即自然界，人们把自身的运动，即具有主观意识的人所构成的社会发展，作为客观世界的一部分来加以科学研究。历史还不长。而这正是社会学的出发点。那么，人们自己怎么去观察自己呢？最深刻的体会当然来自自己的生活和熟悉的人的生活，文学家往往由此写出最生动的篇章。但社会科学家与文学家不同，他们的任务不仅要表达社会生活的各种现象，还要比较不同类型的生活方式，找出共同点及其变化的规律。在现实世界里，自己观察自己、科学地分析自己，并不容易，更多的是观察别人、观察别人的社会生活。有的文章道理讲得不错，而实际上只是讲了社会上一部分人的流行观点。有的还用了不少数字，却没有扎扎实实的分析。在认识自身的基础上去认识别人，这一点似乎还没有很多人做到，以至于人类发展到现在，仍然是被动多于主动。大家都说不愿意打仗，但战争阴影一直存在。善良的人们提出“和平共处”的原则，但真正接受的却不多。由此可见，当今的世界是什么样子了。世界要有光明的前途，人类就得“自觉”。现在我们的社会主义建设才刚开始从被动的状态走向有控制的、人民自己可以做主的、符合一定客观规律的“自觉”的方向。

当时，乔木同志的表态，的确起了很大的作用，打消了不少人的对社会学的“余悸”。但是，要真正改变社会上对社会学的种种看法，还得靠我们自己拿出实际的成果，要通过我们的努力才能取得普遍的理解、信任和支持。否则，诸如社会学这门学科究竟对社会有什么用处等疑问，将永远存在。这就是说，要使社会学在社会科学大家族中占有其应有的位置，我们就得在马克思主义科学原理指导下，开展脚踏实地的研究工作，为认识中国社会，推动社会主义现代化建设，做出有实效的贡献来。

然而，任务的艰巨和当时队伍的状况极不相称。我曾讲到，我国智力资源和形势要求之间的差距，在社会学这园地里表现得特别大。因为它受到的损害最大，过去，学过社会学的人留到今天的已经很少。

1957年我曾为社会学苦苦哀求过，不要断子绝孙，多少留一个种。可是不行，种也不许留。相隔几十年，即使当时学过社会学或者接触过社会调查的人现在都已忘了。好在我们国家学过马列主义、做过实际工作，对中国社会有认识、有知识的人还不少，可以吸收其中的有志者从事社会学研究。这些同志虽来自其他各个学科，可是从社会学学科综合性的特点来说，是符合要求的。到1979年3月，我们成立了“中国社会学研究会”，随后又在中国社会科学院筹备成立社会学研究所。当时只有几个编制人员，从民盟借了一间房子，就这么一点重建的“家当”。自从50年代初，各大学停办社会学系已经过去三十年了。三十年前的那一套东西，早已陈旧和不适用了。为了了解国外社会学发展情况，我于同年春季，参加了中国社会科学院代表团去美国访问，想借这个机会与国外建立一些联系。可是时间只有一个月，要在一个月里把断了那么多年的关系重新建立起来，是不容易的。幸好，我写的书他们还在念，我的名字他们没有忘记。靠着这点便宜与一些大学搭上了桥。这三十多年，由于各国的社会在飞速发展、变化，社会学作为研究社会的学科也发生了很大变化。在西方，社会学是一门很热门的学科，理论与方法都发展得很快。可是由于我们国家的社会性质不同，西方社会学的许多东西不能拿来就用。先得了解一下他们一些新东西是怎样发生的，为什么有这些变化，对我们有没有用，用得上还是用不上。

我有个在大学里一起读社会学的老朋友杨庆堃教授，在美国教书。出自爱国，他愿意帮助我们建立这门学科。他三十年来没有离开过社会学，一直在匹茨堡大学工作，后来是该校的荣誉教授。通过他，我们请到了一些美国的社会学家，要他们来讲讲他们作为美国社会学家是怎么研究美国社会的。可是一开始，就碰上了语言这一关，他们不能讲中文。而且我们对于这些年国外社会学出现的新名词、新概念太陌生，所以听讲的人感到十分费劲。这样，又逼着我们想另一种办法，去请会说中国话又懂外国概念的人来讲学。杨庆堃教授又介绍了香港中文大学的一些社会学教师来给我们讲课，请来的专家都说广东音的普通话。经过两期学习班，班里的一些学员决心要搞我们自己的社会学，培养我们自己的教师，编写自己的教材。

1980年，就在暑期学习班上留下了一些愿意投身于创建这门学科的同志。通过进一步的学习，查阅中国早期的和外国的社会学著作，吸收其中对当前社会主义建设有用的部分，进行集体备课。《社会学概论》的编写，就是在那时被提到日程上来的，编《社会学概论》的目的，是培养教师，培养能在各大学开出社会学这门课程的教师。我在这件工作中担任组织者。我绝不把意见强加给别人，原则就是不要有框框，只能松绑。我说搞错了不要紧，责任我来负。因为人对事物的认识，不可能一下子就认识清楚的。培养一个人也不是一阵风就能吹起来的。该书初稿出来以后，在南开大学的社会学专修班上进行了第一次试讲，广泛听取大家的意见。经过了好几次修改，现在这本书已经作为试用本出版了。这本书的水平不高，而且一定有许多地方由于初创，难免有差错，我希望它能起到抛砖引玉的作用，在试用时对于任何差错或者不当之处，请大家予以纠正和改进。

在培养教师和准备教材的同时，上海复旦大学分校、中山大学、南开大学、北京大学先后成立了社会学系。到今年（1984年），这些大学都已招收本科学生和研究生，上海复旦大学分校，后来改称上海大学，已有社会学本科毕业生。南开大学培养的社会学研究生已毕业了一批，他们是新中国自己培养的第一批社会学专业人才。据说社会上对社会学毕业生需要量很大，可谓供不应求。除了上述四个大学已建系之外，南京大学、武汉大学、四川大学、云南大学等，都开了社会学概论这门课程。我想，一个大学有了六门社会学专业课程，招本科生就不发愁了。这六门课是“社会学概论”“社会学研究方法”“社会心理学”“比较社会学”“社区分析”“社会学史及西方社会学理论”。其他，还可以开设“人口问题”“家庭问题”等专题课程。

我们在编写教材时，首先要实事求是，从中国的实际出发，以认识中国社会为目的，写出符合我国国情的、具有中国特点的教材。要达到这一要求，编写者必须要走向社会，进行社会调查。中国的社会学离不开对中国社会的调查。离开了生动、丰富的中国社会现实，社会学的内容就必然空洞无物，从根本上说也就失去了存在的意义。

从1982年开始，我们的力量便向社会调查方向转移。小城镇调查就是其中比较大的一个调查课题。现在各省都搞起来了，安徽动员了一千多个干部，做了三个月的调查，材料很丰富。安徽农村经济复兴的第一个突破是生产责任制，第二个突破可能是小城镇。目前，他们的乡镇工业的产值，还只是江苏的十分之一。但是在今年（1984年）一年中，就翻了一番。山东各部分发展得不平衡，沿海的烟台乡镇工业发展快，人均收入同苏南地区不相上下。在津浦线路以西地区，这两年农业生产发展很快。鲁西南的棉花翻身就像苏北的粮食翻身，造成一种满足于农村只靠种田的思想。这是目前工业发展不快的重要原因。今年（1984年）中央4号文件下达后，人们才开始注意这个问题。辽宁的进展也相当快。天津的沿海地区乡镇工业正在兴起，大邱庄的工农业比例达到九比一，搞得很出色。综上所述，从全国来看，乡镇工业都在发展、进步。这一形势向我们提出了许多新的课题，小城镇的调查与研究要赶快跟上去。

从总体上说，小城镇调查研究的进展包括两个方面：第一，它是由点到面、从定性到定量的全面分析。其中抓点就是“解剖麻雀”，根据对点的定性分析来制定一个全面的调查指标，进行全省的普查，从定量分析中显示出各区域的特点。第二，应当考虑全国性的战略规划。以前所观察的只是一个特点，即以“人多地少、农工相辅”为基础搞现代化，看到的是局部现象。现在要面向全国，抓住全国的特点。过去由于人口分布不平衡，工业集中在大城市，造成城乡差别和地区差别。现在我们要走工业扩散的道路，使原来人少的地方把人员吸收进来搞工业。

中国是一个大国，人多地也多，问题在于人口分布不均衡。西部大半个中国的人口密度，每平方千米不过十几人到几十人，青海、甘肃、新疆、西藏的有些地区，甚至少到每平方千米只有几个人。而沿海地区的密度达每平方千米几百人，自然资源与人员的比例正好相反。以矿产说，西部远多于东部。面对全国的这种布局，我们就不能只局限于江苏南部现有的经验。太湖流域的工业兴起在形式上虽然与韩国、日本、中国香港、新加坡这四只小老虎类似，可是人家是因为国家或地区的资源少才去进行加工，搞技术密集型的工业。而我们现在搞的是劳动密集型的工业，人都挤在那里。我们国家并不缺乏资源，只是有资源的地方，经济落后，养不住人，人就少，又没有技术、智力，没有财力，所以长期不能开发。因此，我们在搞活人口这盘棋中，现在还只走活了一个眼。这个眼还仅仅局限于小城镇的兴起使人口不再往大城市过度集中。还有一个棋眼是开发边区，只有到边区开发出来才能吸收大量人口，根本解决我国的人口的困境。

苏南这个地区，从农村来的人口压力比过去轻松了点，可是其自身的人口增长率还是相当高。抓计划生育是一个办法。另一个办法就是支边，使生产力从东面促进西面。全世界的经济是北半球高于南半球，“南北对话”就是指支援南半球，出现了三个世界的局面。所谓的“南南会议”“南北对话”等活动，就是在寻求这三个世界内部或相互间合作，以消除经济差距。我们国内则是东西部的问题。在社会主义制度下，我们绝不能靠一方吃掉另一方的办法去解决，而是用东部的力量促进西部的发展，用沿海的发展促进边区的发展。解决开发西部的问题不能像美国那样，白种人去了，赶走大批土著的印第安人。我们社会主义的民族政策，是在区域自治的基础上实现民族大团结，走共同繁荣的道路。如何以东部的人力、物力、财力、智力、技术去帮助西部发展，这是一个综合性的课题。种草种树是第一步，种下去的要能存活是第二步。同时我们东部的人力、物力、财力、智力进去以后，要受到西部各民族的欢迎，这样才能团结一致，协力发展。现在课题的总方向定了，但具体去做还要花很大的力量。

最近，我看了新疆同志写的关于“盲流”问题的文章。其中讲到一部分汉人在乌鲁木齐周围，不守法，也管不住，造成很强的破坏性。对于这种现象，我们一定要好好分析，要认真研究，制定正确的政策和一套办法出来。否则，即使把他们遣送走了，他们还是要返回去的。黑龙江省花了几千万块钱用于遣返移民，仍然没有解决问题。“文革”中，很多知识青年上山下乡到了北大荒，花了不知多少钱，留下的却寥寥无几，没有落根。为什么西北的生态平衡不能恢复起来？为什么我们搞了“包钢”这样的大型企业，连第二代都安排不了？与其说是我们的工作太缺乏考虑，倒不如说事先了解得不够。要人去生产钢，却没料到人要娶妻成家，要生儿育女，要生活下去；而忽视了这些因素，就造成了第二代找不到职业的问题。包钢不得不全包下来，结果是人浮于事，劳动生产率受到影响。这个教训使我们认识到，走好人口这盘棋的第二个眼不容易。一定要花很大的力量去进行科学的调查研究。这是我今后研究计划中的重点项目。

到21世纪，中国的文化经济中心应该在有充分自然资源的地方。也就是说，我们的中华文化要回到老窝去。我很希望我们的调查要抓住发展战略上的重要问题，以协助解决具体问题为目标，继续走实事求是和群众路线的路子，达到对中国社会的有系统的、比较完整的认识。

现在我们得到了社会的支持、党的支持。我们正做着超出我们能力的事情。因此，还得特别重视研究队伍的建设。我们的队伍从“老弱病残”开始变得生气勃勃，社会学研究后继有人，我为我们的下一代感到高兴。可是在高兴之际，又感到我们还有压力。压力来自我们同先进国家的差距，尤其在科学技术方面。我们要争口气，要像参加奥运会的运动员那样，为夺得金牌不惜付出最后一点努力。

自1979年到现在，已经五个年头过去了。回顾这五年走过的路，我们经过了四个阶段：从复生到进入重建为第一阶段；师资培养、教材编写为第二阶段；建立社会学系，培养专业人才为第三阶段；第四阶段是为认识中国社会，使社会学具有中国特点，开展规模较大的社会调查。这四个阶段只是纵向的发展，每一个阶段的横向发展并没有结束，我们还在加紧努力干下去。对我来说，应当是最后的冲刺了。

社会学学科在我们国家还很年轻，希望大家都来关心它的成长，使它成为对人民、对“四化”建设有益的学科。同时也请大家提意见，帮助我们提高，使我们在原有的水平上进步得更快。

个人·群体·社会[①]

——一生学术历程的自我思考

年近谢幕，时时回首反思多年来在学术园地里走过的道路，迂回曲折；留下的脚印，偏谬杂呈；究其轨迹，颇有所悟。趁这次老友会聚，略作自述，切盼指引，犹望在此生最后的尾程中勉励有所补益。

一

对“社会”历来有两种基本上不同的看法。一是把社会看作众多个人集合生活的群体。严复翻译sociology作“群学”。

① 本文是作者在香港中文大学社会科学院和北京大学社会学人类学研究所联合主办的“第四届两岸三地中国文化与现代化研讨会”上的发言，后发表于《北京大学学报·哲学社会科学版》1994年第一期。

众人为群，一个个人为了生活的需要而聚集在一起形成群体，通过分工合作来经营共同生活，满足各人的生活需要。人原是动物中的一类，衣食男女、七情六欲等生活需要，来源于自然界的演化，得之于个人的生物遗传。在这些方面人和其他动物基本上是一致的，只是生物界演化到了人这个阶段出现了超过其他动物的智力。人被生物学者称为homo sapiens，sapiens就是智力的意思。凭此特点人在其满足需要上具备了超过其他动物的能力。人和人能通过共识和会意建立起分工合作的体系，形成了聚居在一起的群体。

严复把sociology译作群学，以我的体会说，是肯定活生生的生物人是构成群体的实体，一切群体所创制的行为规范，以及其他所谓文化等一切人为的东西都是服务于人的手段。

另一种看法却认为群体固然是由一个个人聚合而成，没有一个个人也就没有群体，这是简单易明的。但是形成了群体的个人，已经不仅是一个个生物体，他们已超出了自然演化中的生物界，进入了另一个层次，这个层次就是社会界。在这个层次里一个人不仅是生物界中的一个个生物体，或称生物人，而是一个有组织的群体里的社会成员，或称社会人。社会是经过人加工的群体。不仅不像其他动物群体那样依从生物的繁育机制吸收新的成员，也不像其他动物一样，每个人可以依他生物遗传的本能在群体里进行生活。在人的社会里，孩子须按社会规定的手续出生人世，生下来就得按社会规定相互对待的程式过日子；在不同时间、不同场合，对待不同的对象，都得按其所处的角色，照着应有的行为模式行事。各个社会都为其成员的生活方式规定着一个谱法。为了方便，做个不太完全恰当的比喻，像是一个演员在戏台上都得按指定了的角色照剧本规定的程序进行表演。每一个歌手都得按谱演唱。社会上为其成员规定的行为模式，普通称为规矩，书本上也称礼制或法度。它确是人为的，不是由本能决定的；是经世世代代不断积累和修改传袭下来的成规。通过上一代对下一代的教育，每个人“学而时习之”获得了他所处社会中生活的权利和生活的方式。不仅如此，如果一个社会成员不按这些规矩行事，就会受到社会的干涉、制裁，甚至剥夺掉在这个社会里继续生存下去的机会，真是生死所系。

社会在自然的演化中是继生物世界而出现的一个新的但同样是实在的世界。这个世界是以生物体为基础的，正如生物体是以无生的有机体为基础一样。生命的开始，出现了生物界，生物群体的发展，出现了社会界。人还是动物，但已不是一般的动物，人的群体已不是一般的群体，上升成为社会。从这个角度来看，社会本身是个实体，生物人不能认为是社会的实体，而只是社会的载体。没有生物人，社会实体无法存在，等于说没有有机物质，生物实体无法存在一样。有机物质是生命的载体，生物人是社会的载体。实体和载体不同，实体有自己发展的规律，它可以在载体的新陈代谢中继续存在和发展。正如一个生物人是由无数细胞组成，个别细胞的生死，不决定整个人的寿命。个人的生命正是靠其机体细胞的不断更新而得以延续。同样的社会里的个别成员，因其尚属生物体，还是受生物规律的支配，有生有死，但并不决定社会群体兴衰存亡。因之，生物实体和社会实体是属于自然演化过程中的两个层次。人有两个属性：生物人和社会人。

这一种把社会看成比生物群体高一层次的实体和把社会只看成是人的群体的生活手段，从理论上说是两种不同的看法。

二

我初学社会学时，并没有从理论入手去钻研社会究竟是什么的根本问题。我早年自己提出的学习要求是了解中国人是怎样生活的，了解的目的是在改善中国人的生活。为此我选择了社会学。现在回头看来，我是受上述第一种看法的引导而进入这门学科的。把社会学看作是一门研究人们群体生活的行为学科，很符合严复翻译的意思，社会就是人类的群体。更符合我的主观倾向的是社会所规定的一切成规和制度都是人造出来，满足人的生活需要的手段，如果不能满足就得改造，手段自应服从人的主观要求。中国人民在我这一生中正处在社会巨大变动之世。如果社会制度不是人类的手段，那就好像谈不上人为的改革了。

我翻译的第一本社会学著作是乌格朋（Ogburn）的《社会变迁》。那时我还刚刚和社会学接触。这本书给我的印象很深，因为我很同意他的科技进步引起社会变迁的理论。科技变迁了，社会的其他制度也得相应地变迁，不然就出现社会脱节和失调。科技的进步是人为的，是人用来取得生活资源的手段，其他部门向科技适应也得出于人的努力改造已有的制度。这个理论对我很有吸引力。我把这本书翻译成中文，在商务印书馆出版，也可算是我进入社会学这个学科的入门标记。今天提到这件事是想说，我是无意地从上述的对社会第一种看法进入这个学科的，我说无意地因为我当时还没有领会到还有第二种看法，所以并非有意的选择。

接着我在燕京大学学习的最后一年，适逢美国芝加哥大学的派克教授来华讲学。我被他从实地观察来进行社会研究的主张吸住了，据说这种方法来自人类学，我就决心去学人类学，虽然我当时对人类学还一无所知。我从燕京大学社会系毕业后，由吴文藻先生介绍考入清华大学研究院跟史禄国教授学人类学。史禄国原是帝俄时代国家科学院里的人类学研究员。十月革命时他正在西伯利亚和我国东北考察，研究通古斯人。当时俄国发生了革命，他不愿回国而留在中国进入了当时的“中央研究院”，后来又和同事们合不来，转入清华大学教书和著书。人类学在中国当时还少为人知，我投入他的门下，成了他所指导的唯一的研究生。

他依据欧洲大陆的传统，认为人类学所包括的范围很广，主要有人类体质、语言、考古、社会和文化。可说是人和人文的总体研究。他为我定下了一个六年的基础学习计划，包括体质人类学、语言学和社会人类学三个部分，规定我以两年为一期，三期完成。我从1933年先修体质人类学，同时补习动物学，作为第一期。按清华大学的章程，研究生学习只规定至少两年，没有限期。我就准备按他的学习计划进行，预备修完三期。到1935年暑假我结束了第一期，学会了人体测量和体质类型分析，写出了两篇论文，经过考试委员口试及格，按清华的章程，两年后考试成绩优秀可以取得清华公费留学的资格。1935年正逢史禄国的休假期，而且他自己又另有打算，决定休假后不再继续在清华任教。所以他为我做出了新的安排，1935

年暑假后到国内少数民族地区进行调查一年，然后1936年由清华公费出国进修，他不再自己指导我第二期和第三期的学习计划了。

我按他的意见。1935年暑假到广西大瑶山，现在的金秀瑶族自治县去进行实地调查。我携带了人体测量仪器以进行体质调查，并有前妻王同惠同行，共同进行社会调查。该年12月结束了大瑶山里的花蓝瑶地区的调查后，准备转入附近坳瑶地区时，在路上迷失方向，遭遇不幸事故，我自己负伤，前妻单独离我觅援，溺水身亡。我在医伤和休养期间按和王同惠一起收集的资料写成《花蓝瑶社会组织》。这是我第一个社会实地调查的成果。

按史禄国所设计的学习进程，这是我超前的行动，因为社会人类学这一部分是安排在第三期学习计划里的。在编写这本书之前我只阅读过史禄国关于满族和通古斯族的社会调查，印象并不深，而且我对社会学理论也并没有系统的学习过。回想起来，从史禄国老师学到的也许就是比较严格的科学态度和对各个民族在社会结构上各具特点、自成系统的认识。所谓各具特点、自成系统就是指社会生活的各部门是互相配合而发生作用的，作为一个整体就有它独特的个性。我通过瑶族的调查，对社会生活各部门之间的密切相关性看得更清楚和具体了。这种体会就贯串在我编写的这本《花蓝瑶社会组织》里。我从花蓝瑶的基本社会细胞家庭为出发点，把他们的政治、经济各方面生活作为一个系统进行了叙述。

瑶山里所取得的体质测量资料我没有条件整理，一直携带在行李里，最后在昆明发生李、闻事件后仓促离滇全部遗失，花蓝瑶的体质报告也就永远写不出来了。但这并不是说我这两年体质人类学的学习在我的学术工作上没有留下影响。除了我对人类的生物基础有了较深的印象外，在分析类型进行比较的科学方法也为我以后的社会学调查开出了一个新的路子。

我原有的学习计划既然发生了改变，1936年暑假我就准备出国，并由吴文藻先生安排，决定到英国伦敦政治经济学院跟马林诺夫斯基学习社会人类学。比史禄国给我预定的计划，免去了语言学的一节。

从瑶山回到家乡我有一段时间在国内等候办理出国入学手续，我姐姐就利用这段时间把我安排到她正在试办农村生丝精制产销合作社的基地去参观和休息，这是一个离我家不远的太湖边上的一个名叫开弦弓的村子。我利用在村里和农民的往来，进行了一次有类于在瑶山里的社会调查。我带了这份在这村子里收集到的有关农民生活的调查资料一起到了伦敦。

我根据这批开弦弓的调查资料写出的提纲，首先得到了当时我在伦敦的导师雷蒙德·弗思的肯定，随后又得到马林诺夫斯基的注意，当即决定他自己亲自指导我编写以中国农民生活为主题的博士论文。当时我并不明白为什么我能获得这样顺利的学习机会。后来在有人看到我的论文后，向我提出了个问题：你怎么会在没有和伦敦政治经济学院接触之前，就走上了功能学派的路子?那时我才明白我从史禄国那里学来的这些东西，着重人的生物基础和社会结构的整体论和系统论，原来就是马氏的功能论的组成部分。我当时只觉得马氏所讲的人类学是我熟悉的道理。但原来我们相见以前，已有了共同的语言。

回到我第一节里提出对社会的两种看法，我在这个阶段还没有做出明确的选择。原因也许在我当时并没有意识到除了第一种看法之外，还有第二种看法和两种不同看法的区别。这表明我在理论上不够敏感，也就是功底不深。

我对史、马两位老师理论上的特点直到现在也不敢说已经了然。我听说史禄国后来看到了我那本《江村经济》时曾经表示过不满意的评论。我模糊地感觉到在他的理论框框里，我这本书是找不到重要地位的。但由于我没有吃透他的理论，我还不敢说哪些方面引起了他不满意的反应。

对马氏的理论我多少有一些琢磨。按他已经写出来的有关文化功能的理论，按我所理解的程度来说，基本是属于我上述的第一种看法。马氏的功能论的出发点是包括社会结构在内的，文化体系都属于人用来满足基本生物需要后及由生物需要派生的各种需要的手段。这一点他一直坚持的，同时他也承认文化的整体性，就是说人为了满足其需要而创造出的文化是完整的。说是完整就是就完备而整体的。它必须满足人作为生物体所有全部需要，本身形成一个整体，其各部分是相互联系和配合的一个体系，简单说是整体论和系统论。

他提出这一套理论是有其历史背景的，他是人类学中主张实地调查的先行者。他长时间住在Trobriand岛的土人中间，学会土语，直接参与土人的集体生活。他深深觉得要理解一个群体的生活必须从整体上去观察他们怎样分工合作，通过有系统的活动来维持他们的生活，也就是满足他们的需要，而人的一切需求都是从人作为一个生物体而发生的。食色性也，是从人是动物的这个属性上带来的。从这个基本的生物需要出发，逐次发生高层次的需要，如维持分工合作体系的社会性的需要等等。他用这个理论来批判当时在人类学界盛行的文化传播论、历史重构论等等，因为这些理论都是把文化要素孤立起来，脱离了人而独立处理的。比如当时就有些学者把图腾信仰脱离他所发生的具体群体而研究其起源、流动和在人类整个历史发展中的地位等等。他以当时盛行在欧洲的人类学作为靶子，针锋相对地提出功能论、整体论和系统论。这在人类学学科史上是一次革命性的行动，使人类学的研究回归到科学的行列。

三

马氏自己称他的人类学理论是功能学派。他的所谓功能，就是文化是人为了满足其需要而产生的，所以都是有用的手段，文化中各个要素，从器物和信仰对人的生活来说都是有功能的，功能就是满足需要的能力，简单说就是有用的。功能这一词是英文function的译文。这词在英文中原有两个意义，一是普通指达到目的所起的作用，二是在数学里的函数，如果说甲是乙的函数，甲变乙也随着要变。马氏称自己是功能学派实际上是一语两义都兼有的。但在叙述他的理论时却常强调第一个意义，比如他在论巫术时就强调它在支持实际农作活动的节奏和权威的作用，用来批判过去认为巫术是未开化的人思想上缺乏理性的表现，是一种前科学或假科学思想的产物。19世纪在欧洲人类学充满着当时通行的民族优越感，把殖民地上的土人看成是未开化的野蛮人，把土人的生活方式看作是一堆不合理的行为。功能论是针对这种思想的批判，但是这种理论走到极端，认为文化中一切要素都是有用的，又会给人以存在就是合理的印象。这个命题在哲学上常受到批判，在常识上也和社会的传统中颇多对人无益而有害的事实不能协调。至于把满足生物需要作为功能的基础更是不易为普通人所接受。因之当马氏的功能论在人类学中盛极一时之际，就有不同的看法出现。而且就出现在也自称是功能学派的阵营里。最突出的是曾到过燕京大学讲学的拉德克利夫·布朗。

布朗也是主张实地调查而且主张文化整体论和系统论的人类学者。但是他认为功能的意义不必挂在有用无用的鉴别上，更不应当和生物需要挂钩，他把功能意义做数学中的函数来讲，那就是把功能的含义去掉了马氏所强调的一半。当时我们这些年轻的学生，经常把他们两个看成是在唱对台戏的主角。对我这个对理论缺乏敏感的人来说，在这场争论中除了看热闹之外，并没有认真思考加以辨别，而实际上却被这个争论带进了我在本文开始时所述对社会的两种看法的迷阵里。当我接触了功能派的先锋法国涂尔干的著作之后，对第二种看法发生了兴趣。他比较明确地把社会看成本身是有其自身存在的实体，和生物界的人体脱了钩。

我在医预科和在体质人类学课上受到的基础训练和社会文化和生物挂钩原是比较顺理成章容易接受的。但是我对社会的看法却被马、布的争论所动摇了，特别是联系到在瑶山和在开弦弓的实地调查的经历，使我逐渐倒向布氏的一面。我在初步进入社区的实地调查中所得到的感受值得在这里回忆一下。

当我踏入一个社区时，接触到的是一群不相识的人。我直接看到的是各个人在不同场合的行动举止。这一片似乎纷乱杂呈的场面里，我怎样从中理出个理解的头绪呢？这时我就想到了社会行为是发生在社会所规定的各种社会角色之间，不是无序的而是有序的。如果从这个角度去看在我面前展开的各个人的活动，就有了一个井然的秩序。不论哪一家，我们如果用父母、子女、亲戚、邻居等社会角色去观察这些似乎是杂乱的个人行为，就可以看到在不同人身上出现重复的行为模式，比如不论哪一家，母亲对儿子之间相互的行为都是类似的，成为一种模式，而这套行为模式却不同于妻子对丈夫，甚至不完全相同于母亲对女儿之间的相互行为。我在实地调查中才理解到一个社区中初看时似乎是纷杂的众人活动，事实上都按着一套相关的各种社会角色的行为模式的表演。再看各种社会角色又是相互配合，关关节节构成一个网络般的结构。从这个结构去看这社区众人的行为就会觉得有条有理，一点不乱。而且这个有条有理的结构并不是当时当地的众人临时规定的，而是先于这些人的存在，就是说这些人从小在生活中向一个已存在的社会结构里逐步学习来的。这就是个人社会化的过程。这个结构里规定的各种角色间的相互行为模式也是个人在社会中生活时不能超出的规范，一旦越出就有人出来干涉，甚至加以制裁。也因之在一个外来的调查者所能看到经常都是些按照社会模式而行为的行为，有时也可以见到一些正在或将会受到制裁的超规行为。作为一个人类学者在实地调查时，通常所观察到的就是这些有规定的各种社会角色的行为模式。至于角色背后的个人的内在活动对一般的人类学者来说就是很难接触到的。

我的社区调查不论在瑶山或在江村，现在回头来看，是不够深入的，还是满足于社会角色的行为模式，因而影响了我对社会的看法，把它看成了自成格局的实体，表达得最清楚的是我根据讲课内容编出的《生育制度》。

我本人的具体经历也影响了我学术观点的形成。所以在这里得补充几句。我是1938年离开伦敦的。那时，我国的抗日战争已进行了一年，我的家乡已经沦陷，原在沿海的各大学都已迁入内地。所以我只能取道越南回国，到达昆明，在当时的云南大学和由清华、北大、南开联合的西南联大工作。实际上，我到了云南，立即继续我的社会调查，接着以罗氏基金对燕京大学的社会学系的资助在云南大学成立了一个社会学研究中心，由于避免轰炸，设立在昆明附近呈贡的魁星阁，普通就称魁阁。从这时起，我的学术环境是相当偏僻和孤立的。除了少数原来的师友外，和外地及国外的社会学界几乎隔绝。不仅我们在当时和自己这个小圈子之外的思想很少接触，而且没有收集和储藏过去社会学书籍和资料的图书馆，我们对国内外过去的社会学遗产也得不到运用。这种缺乏消息交流对学术思想的发展确是一个很大的限制。现在回想起来，就能看到这种特殊环境的确对我自己学术思想有很大的影响。影响之深不仅是当时孤陋寡闻，而且造成了自力更生，独树一帜。一切靠自己来的心理，一直发展成为我后来不善于接受新的社会学流派的习惯。

1943年我虽应美国国务院的邀请参加了当时所谓“十教授访美讲学”的机会在美国住了一年，但是我却利用这时期，忙着编写魁阁的调查成果。在美国几个大学的同行协助下写出了云南三村（*Earthbound China*）和《中国进入机械时代》（*China Enters the Machine Age*）两书。说实话我并没有用心去吸收当时国外人类学和社会学的新思潮。比如我在哥伦比亚见过林顿，在芝加哥见到雷德菲尔德，在哈佛商学院见到埃尔顿·梅岳，我在编写上述两书时都得到了他们的关切和具体协助，但是我对他们的著作却没有深入地钻研。除了我回国后翻译过梅岳的一本著作外，对其他几位老师的著作并未认真阅读。至多是吸收了一些皮毛，为我已在胸中长成的竹子添些枝叶。

我在老朋友面前无须掩饰，从40年代后期起，直到70年代结束前一年，我在国际的社会学圈子里除了两次简短的接触之外是个遗世独立的人物。

四

回到我在昆明这一时期，我们在魁阁研究工作是按照《江村经济》所走出这条路前进的。这条路我们称之为社区研究。社区这个名词是我这一代学生在学时所新创的。其由来是1933年燕京大学社会学的毕业班为了纪念派克教授来华讲学要出一本纪念文集，我记得其中有一篇是派克自己写的文章需要翻译，其中有一句话“community is not society”，这把我们卡住了。原来这两个名词都译成“社会”的，如果直译成“社会不是社会”就不成话了。这样逼着我们去澄清派克词汇里两者的不同含义。依我们当时的理解，社区是具体的，在一个地区上形成的群体，而社会是指这个群体中人与人相互配合的行为关系，所以挖空心思把社字和区字相结合起来成了“社区”。

社区这个概念一搞清楚，我们研究的对象也就明确了，就是生活在一个地区的一群有社会关系的人，社区可大可小，一个学校、一个村子、一个城市，甚至一个民族、一个国家，以至可以是团结在一个地球上的整个人类。只要其中的人都由社会关系结合起来，都是一个社区。有了这个概念我们实地观察的对象也有了一定范围。我当时就提出可以在瑶山进行民族集团的社区研究，也可以在各地农村里进行社区研究。在1933年这种社区研究就在燕京大学学生里流行了起来。我到了昆明还是继续走这条路子。

还应当提到的是魁阁研究工作标榜的特点是比较方法与理论和实际结合。在接受派克社区研究的概念和方法时，同时是由吴文藻先生为首提出的社会学中国化的努力方向。燕京大学的学生就是想通过社区研究达到社会学的中国化。社会学中国化其实就是社会学的主要任务，目的是在讲清楚中国社会是个什么样的一个社会。通过社区研究能不能达到这个目的呢？当然我们要说明中国社会是个什么样的社会，科学的方法只有实地观察，那就是社会调查。但是有人就质问我们，我们的研究对象如是一个具体的社区，那也只能是中国的一部分，你们能把全国所有的农村城市都观察到吗？社区研究只能了解局部的情况，汪洋大海里的一滴水，怎能不落入以偏概全的弊病呢？我们对此提出了比较方法与理论和实际结合的对策。我在这里不能详细加以说明，好在我前年在东京的一个讨论会上发表的《人的研究在中国》的发言中已经答复了这个问题，这里不再重复了。

这里我想说的是社区研究的理论基础是直接和1935年到燕京大学讲学的布朗有关的。他在美国芝加哥大学开讲的人类学课程，就称作比较社会学。社区研究接纳了布朗对社区的系统论和整体论的看法。我想只有从每个社区根据它特有的具体条件而形成的社会结构出发，不同社区才能互相比较。在互相比较中才能看出同类社区的差别，而从各社区具体条件去找出差别的原因，进一步才能看到社区发展和变动的规律，进入理论的领域。

魁阁的社区研究从1938年到1946年，一共只有八年，而且后来的三年由于教课任务的加重和政局的紧张，我自己的实地调查已经无法进行。所以，魁阁的工作只能说是社区研究的试验阶段。这种工作一直到80年代才得到继续。

魁阁时期的社区研究基本上是瑶山和江村调查的继续。如果把这两期比照看看，这一期除了继承整体性和系统性之外，加强了比较研究同理论挂钩的尝试。先说比较研究。如果要从我本人的经历中寻找比较研究的根源。还应当推溯于我在清华研究院里补读比较解剖学和跟史禄国学习的人体类型分析。我们既然已在内地看到了和沿海不同农村在社会结构上存在着差异，我们更有意识地在昆明滇池周围寻找条件不同的农村进行研究，用以求证我们认为凡是受到城市影响的程度不同的农村会发生不同的社会结构的设想。这种方法上的尝试，我在《云南三村》一书的最后一章里做了系统的申说。这不能不说是魁阁的《云南三村》比瑶山和江村的研究在方法及理论上提高了一步。

比较研究的尝试在另一方面更使我偏向于本文开始时提出的对社会的第二种看法，就是把社会作为一个本身具有其发展的过程的实体，这种思路难免导致“只见社会不见人”的倾向，也进一步脱离马氏的以生物需要为出发点的功能论，而靠近了布朗对重视社会结构的功能论。

五

魁阁后期，由于兼任云大和联大两校的教职以及当时政治局势的紧张，我不便直接参与实地调查，所以有更多时间从事讲课和写作。也可以提到，当时直线上升的通货膨胀使个人的实际收入不断下降，而我又在1940年成了一个孩子的父亲。我们在呈贡的农村里赁屋而居，楼底下就是猪圈，生活十分艰苦。因之，我不能不在固定的薪金之外，另谋收入，我这个书生能找到的生活补贴，只有靠我以写作来换取稿费。我在当时竟成了一个著名的多产作家。大后方的各大报纸杂志上经常发表我的文章，我几乎每天都要写，现货现卖，所得稿费要占我收入之半。写作的内容，不拘一格，主要是我课堂上的讲稿和对时事的评论，以及出国访问的杂记。这段时间里所发表的文章后来编成小册子发行，其中比较畅销的有《初访美国》《美国人的性格》《重访英伦》《内地的农村》《乡土中国》《乡土重建》《生育制度》《民主·人权·宪法》等。

这许多为了补贴生活而写下的文章里，其实更直接暴露我的思想，而我的思想也密切和我的学术思路相联系的。现在回头翻阅一看，其中很明显地贯串着我在上面所说的向社会实体的倾斜。我的三本访外杂写，实际上是把英国、美国的社会分别作为各具个性的实体所谓民族性格来描述的。尽管其中我常用具体看到的人和事作为资料，我心目中一直在和中国社会做比较。比如我把住处经常迁移的美国城市居民和中国传统的市镇和乡村的居民相比较而以“没有鬼的世界”来表明美国社会的特点。文内尽管有人有事，而实际是把它们做文化的载体来处理的。

我在美国时特别欣赏本尼迪克特的《文化模式》和米德的《美国人的性格》，我根据米德这本书，用我自己的语言和所见的事实写出了《美国人的性格》一系列文章，并编成一册。这里所说的社会性格都是超于个人而存在和塑形个人的社会模式。这不是把社会看成了超人的实体的思路吗？我又写出了《乡土中国》一系列文章，也许可以说和《美国人的性格》是姐妹篇，现在看来，这种涂尔干式的社会观已成了我这一段时间的主要学术倾向。

上面已提到这种倾向在理论上表白得最清楚的是在1946年完成那一系列《生育制度》的文章。我明确地否定家庭、婚姻、亲属等生育制度是人们用来满足生物基础上性的需要的社会手段。相反地，社会通过这些制度来限制人们满足生物需要的方式。这些制度是起着社会新陈代谢的作用，甚至可以说，是为了解决生物界中人的生命有生有死的特点和社会实体自身具有长期绵续、积累和发展的必要所发生的矛盾，而产生的社会制度。我说如果从以满足两性结合的生物需要作为出发点，其发展顺序应当是说由于要满足两性结合的需要而结婚生孩子，接着不得不抚育孩子而构成家庭，又由子孙增殖而形成亲戚，这种一环扣一环可说是“将错就错”形成的社会结构。如果反过来看，由于社会需要维持其结构的完整以完成其维持群体的生存的作用，必须解决其内部成员的新陈代谢的问题，而规定下产生、抚养新成员办法，形成了“生育制度”。这个制度并不是用来使个人满足其生物上性的需要，而是用婚姻和家庭等规定的制度来确定夫妻、亲子及亲属的社会角色。使人人能按部就班地过日子。这两种对“生育制度”的不同理解正好说明功能派里两派的区别。

我这本《生育制度》是在1946年和潘光旦先生一起住在乡间时完成的，他最先看到我的稿纸，而且看出了我这个社会学的思路，和他所主张的优生强种的生物观点格格不入。当我请他写序时，他下笔千言，写了一篇《派与汇》的长文，认为我这本书固然不失一家之言，但忽视了生物个人对社会文化的作用，所以偏而不全，未能允执其中。

他从社会学理论发展上提出了新人文思想，把生物人和社会人结合了起来，回到人是本位，文化是手段的根本观点。这种观点我们当时并没有会通。而且我们当时的处境并没有条件和心情展开学术上的理论辩论。我把全书连着这篇长序交给商务印书馆出版后，自己就去伦敦访问。1947年回国，我和潘先生虽则同住一院，但却无心继续在这个社会学的根本观点上进一步切磋琢磨，这场辩论并没有展开，一直被搁置在一旁。经过了近半个世纪，潘先生已归道山，我在年过八十时才重新抬起这个似乎已尘灰堆积的思绪，触起了我的重新思考，这已是90年代的事了，留到下面再说。我这本《生育制度》实际上结束了我学术历程的前半生。

1947年在英国访问以及回国之后到1949年北平解放，这期间从我写作上说我曾称之为“丰收期”，北平的《中建》周刊、上海的《观察》周刊和《大公报》经常有我的文章，但我所写的主要是时事评论，其中固然表达我对社会的基本观点，而且通过《观察》及三联书店出版了我在抗战时期所发表的文章的集子，一时流传很广，成了当时的一个多产作家，但是回头来看，这段时间，在学术思想上并没有什么新的发展。

六

如果限于狭义的学术经历来说，我觉得可以把《生育制度》一书来作为我前半生学术经历的结束。自从1930年进入社会学园地时算起到1949年解放，大约二十年。接下去的三十年是一段很不寻常的经历，包括解放、反右和“文革”的中国大变革时期。这一段时期里我的思想情况在*Current Anthropology*杂志发表的1988年10月我和巴博德（Pasternak）教授的谈话记录中有比较直率的叙述，这里不用重复了。但是联系上面所提出有关对社会性质的根本问题时，我觉得有一些补充，说一说我近来才有的一点新的体会，足以说明我后半生学术思路的若干变化的由来。我越来越觉得一个人的思想总是离不开他本人的切身经历。解放后所逢到的我称之为不寻常的经历，必然会反映在我其后的学术思想上，以及立身处世的现实生活上。我如果完全把这段时间作为学术经历中的空白是不够认真的。

在比较这一生中前后两个时期对社会本质的看法时，我发现有一段经历给了我深刻的影响。我在前半生尽管主张实地调查，主张理论联系实际，但在我具体的社区调查中始终是一个调查者的身份去观察别人的生活。换一句话说，我是以局外人的立场去观察一个处在另一种生活中的对象。我自身有自己的社会生活，我按着我自己社会里所处的角色进行分内的活动。我知道我所作所为是在我自己社会所规定的行为模式之内的，我不需犹豫，内心不存在矛盾，我所得到别人对我的反应也是符合我的意料的，这就是说我在一个共同的社会结构中活动。尽管这个社会结构也在变动中，这种变动是逐步的，而且是通过主动能适应的变动。我并不觉得自己和社会是对立物。

但是在解放之后的一段时间里，我自己所处的社会结构发生了革命性的变动，那就是说构成这个结构的各种制度起了巨大变动，在各个制度里规定各个社会角色的行为模式也发生了巨大变动。表演得最激烈的例子发生在“文革”的高潮中。作为一个教授的社会角色可以被他的学生勒令扫街、清厕和游街、批斗。这种有着社会权力支持的行为模式和“文革”前的教授角色的行为规范是完全相悖的。当然“文革”这种方式的革命是很不寻常的，但是在这不寻常的情景中，社会的本来面目充分显示了出来。我觉得仿佛是置身于一个目的在有如显示社会本质和力量的实验室里。在这个实验室里我是实验的材料，就是意味着在我身上进行这项实验。同时，因为我是个社会学者，所以也成了观察这实验过程和效果的人。在这个实验里我亲自觉到涂尔干所说“集体表象”的威力，他所说的集体表象，就是那“一加一大于二”的加和大的内容，也就是我们通常说的社会的本质。这个实验证实了那个超于个人的社会实体的存在。

但就在同时我也亲自感觉到有一个对抗着这个实体的“个人”的存在。这个“个人”固然外表上按着社会指定他的行为模式行动：扫街、清厕、游街、批斗，但是还出现了一个行为上看不见的而具有思想和感情的“自我”。这个自我的思想和感情可以完全不接受甚至反抗所规定的行为模式，并做出各种十分复杂的行动上的反应，从表面顺服，直到坚决拒绝，即自杀了事。这样我看见了个人背后出现的一个看不见的“自我”。这个和“集体表象”所对立的“自我感觉”看来也是个实体。因为不仅它已不是“社会的载体”，而且可以是“社会的对立体”。这个实验使我看到了世界是可以发生这种不寻常的社会结构革命性的变动。这种变动可以发生在极短的时间里，但是极为根本地改变了社会结构里各制度中社会角色的行为模式。为期十年的“文革”在人类历史上是一次少见的“实验”，一次震度极强烈的社会变动。我的学力还不够做更深入的体会和分析，但是我确实切身领会到超生物的社会实体的巨大能量，同时也更赤裸裸地看到个人生物本性的顽强表现。

从这次大震动中恢复过来，我初步体会是做个社会里的成员必须清醒地自觉地看到社会结构的不断变化，尽管有时较慢较微，有时较快和较为激烈。处在社会结构中的个人，应当承认有其主动性。个人的行为既要能符合社会身份一时的要求，还得善于适应演变的形势。学术工作也是个人的社会行为。既不能摆脱社会所容许的条件，也还要适应社会演进的规律，这样才能决定自己在一定历史时期里应当怎样进行自己的学术工作。这种自觉可说是一方面既承认个人跳不出社会的掌握，而同时社会的演进也依靠着社会中个人所发生的能动性和主观作用。这是社会和个人的辩证关系，个人既是载体也是实体。

这点理论上的感受，虽一直潜伏在我的思想里，在我“文革”后的公开讲话中也有所表达，但是还不能说已充分落实在后半生的学术工作中。“只见社会不见人”还是我长期以来所做的社区研究的主要缺点。

七

下半生的学术生涯，可以说从1978年开始，直到目前一共有十五年。刚从“不寻常”的经历中苏醒过来时，我就想既然得到了继续学术研究的机会，就该把三十年丢下的线头接下去，继续从事社区研究，而且这时我对社区研究本身的功能有了一些更明确的看法，正如我在和巴博德教授谈话中所说的，我们做的研究实际上是发挥人特有的自觉能力，成为自然演化的一种动力。人类社会是不断发展的，表现为生产力的不断增长。我们就得有意识地把中国社会潜在的生产力开发出来，提高人民的生活水平。这个进化观点我是早就接受了的。解放之后我又接受了当时的马列主义学习，认识到生产力是社会发展的基本推动力。这种思想和我早日翻译的乌格朋的《社会变迁》中强调科技的发展也正相合。我的《江村经济》调查就是接受了我姐姐改革蚕丝生产技术的启发而进行的。所以我在八十岁生日那天以“志在富民”四字来答复朋友们要求我总结我过去八十年所作所为的中心思想。“志在富民”落实到学术工作上就是从事应用科学，所以我把调查看作应用社会学。这一个思路，我有机会于1980年2月在美国丹佛接受应用人类学会授予我马林诺夫斯基奖的大会上发表的《迈向人民的人类学》讲话时，得到公开发表的机会。

1981年我又接到英国皇家人类学会授予我赫胥黎奖的通知，并由我的老师弗思建议，要我在会上介绍江村在解放后的变化。为此我特地三访江村进行了一次简短的调查。就是这次调查引起了我对当时正在发生的乡镇企业和小城镇的研究兴趣。从那时起我就抓住这个题目不放，组织了一个研究队伍，跟着农村经济发展的势头，从江村一个村，扩大到吴江县的七个镇。然后一年一步从县到市，从市到省，从一个省到全国大部分的省；从沿海到内地，从内地到边区，不断进行实地观察，直到现在已经有十年多了。我每去一地调查就写一篇文章，记下我的体会。十年来已积了近四十篇，其中大部分已收集在今年（1993）出版的《行行重行行》一书中。这一系列文章还在继续写下去，可说是我下半生的主要学术方向。

这一系列文章在理论上说是以《江村经济》为基础的。把社区的经济发展看成是社区整体发展中的一个主要方面，并和其人文地理及历史条件密切联系起来，进行分析。我看到在不同条件下社区发展所走的路子不同，于是我又应用比较观点分出不同模式，并提出"多种模式，因地制宜，随机应变，不失时机”的发展方针。更从城乡结合的基础上升到经济区域的概念，逐步看到整个中国发展过程中形成的区位格局。这种社区研究是以农民自己创造的社会结构为出发点，分析这种结构形成的过程，它所具有的特点，并看出其发展的前景。这是实事求是的看法，而其目的是在使各地农民可以根据自身所处的条件，吸取别地方的经验，来推动自身的发展。所以可以说这种社区研究是应用社会学，一门为人民服务的社会科学。

回顾我这六十年的研究成果总起来看还是没有摆脱“只见社会不见人”的缺点。我着眼于发展的模式，但没有充分注意具体的人在发展中是怎样思想、怎样感觉、怎样打算。我虽然看到现在的农民饱食暖衣、居处宽敞、生活舒适了。我也用了他们收入的增长来表示他们生活变化的速度。但是他们的思想和感情、忧虑和满足、追求和希望都没有说清楚。原因是我的注意力还是在社会变化而忽视了相应的人的变化。

翻阅我这段时间里所发表关于社会学的言论时，我看到我思想确是已经改变了一些原来对个人和社会关系的看法，我不再像在《生育制度》中那样强调社会是实体、个人是载体的论调，而多少已接受了潘光旦先生的批评，认识到社会和人是辩证统一体中的两面，在活动的机制里互相起作用。这种理论见于我在1980年所讲的《社会学和企业管理》及《与医学心理学者谈社会学》里。

《社会学和企业管理》是我在第一机械工业部的讲话，在这讲话里我提到了1944年我在哈佛商学院遇见的埃尔顿·梅岳教授，他曾在芝加哥的霍桑工厂里研究怎样提高劳动生产率的问题，做了一系列实验。起初他采取改变各种工作条件，如厂内的光线、休息的时间等，来测验工作效率是否有相应的提高，结果确是上升了。但梅岳认为并没有解决提高工作效率的关键问题。他接着再把实验倒过来做，一一取消了这些客观条件的改变，出于大家意料之外的，工作效率却依然上升。他从中得到了一个重大的发现，原来不是客观条件的改变促使了工作效率的上升，而是他的实验本身起了作用。因为工人参与了这个实验，自己觉得在进行一项有意义的科学工作，从而发现了自己不仅是一个普通拿工资干活的机器，而是一个能创造科学价值的实验者了。这个转变提高了他们的积极性。梅岳在这里发现了普通"工人身份"后面潜伏着一种"人的因素"，这个因素是工作效率的源泉，梅岳的"人的发现"改变了美国的工厂管理。联系我们所关心的问题来说，他是使社会身份，即社会规定的行为模式，背后这个一直被认为"载体"的个人活起来了。使行为模式变成人的积极行为的是潜伏在社会身份背后的个人。其实我们在舞台上评论演员时，总是看他是否进入了角色。进入了角色就发挥出演员的积极性，演好了戏，演唱的好坏还是决定于演员本人。明白这一点，个人和社会的关系也就明白了。

上面提到的第二篇讲话是我在北京医学心理学讲习班上的讲话。我最初的题目是《神兽之间》，意思是说人既是动物而又已经不是动物，人想当神仙，而又当不成神仙，是个两是两不是的统一体。社会总是要求“满街都是圣人”，把一套行为规范来套住人的行为，可是事实上没有一个人是甘心情愿当圣人的，即便是我们的至圣先师孔老夫子也是到了快死的七十岁时方才做到“从心所欲不逾矩”。但是人又不能不在社会结构里得到生活，不能不接受这个紧箍咒，小心翼翼，心猿意马地做人，所以我用了弗洛伊德所说的三层结构来说明人的心理构成：一是id（生物性的冲动），二是ego（自己），三是superego（超己）。id就是兽性，ego是个两面派，即一面要克己复礼地做个社会所能接受的人，一面又是满身难受地想越狱当逃犯。Super- ego就是顶在头上，不得不服从的社会规定的身份。我当时指出神兽之间发生的形形色色的矛盾正是（精神病）医生要对付的园地，神兽之间有其难于调适的一面，但是普通的人并不都是要挂号去请教精神病医生的。那就是说神兽之间可以找到一个心安理得做人的办法的。于是我得回到潘光旦先生给我《生育制度》写的序言里所提出的中和位育的新人文思想。

新人文思想依我的理解就是一面要承认社会是实体。它是个人在群体中分工合作才能生活的结果，既要分工就不能没有各自的岗位，分工之后必须合作，岗位之间就不能不互相配合，不能没有共同遵守的行为规则。有了规则就得有个力量来维持这些规则。社会是群体中分工合作体系的总称，也是代表群体维持这分工合作体系的力量。这个体系是持续的超过于个人寿命的，所以有超出个人的存在、发展和兴衰。社会成为实体是不可否认的。但是社会的目的还是在使个人能得到生活，就是满足他不断增长的物质及精神的需要。而且分工合作体系是依靠个人的行为而发生效用的，能行为的个人是个有主观能动性的动物，他知道需要什么、希望什么，也知道需要是否得到了满足，还有什么期望。满足了才积极，不满足就是消极。所以他是个活的载体，可以发生主观作用的实体。社会和个人是相互配合的永远不能分离的实体。这种把人和社会结成一个辩证的统一体的看法也许正是潘光旦先生所说的新人文思想。

我回顾一生的学研思想，迂回曲折，而进入了现在的认识，这种认识使我最近强调社区研究必须提高一步，不仅需看到社会结构，而还要看到人，也就是我指出的心态的研究。而且我有一种想法，在我们中国世世代代这么多的人群居住在这块土地上，经历了这样长的历史，在人和人中和位育的故训的指导下应当有丰富的经验。这些经验不仅保留在前人留下的文书中，而且应当还保存在当前人们相处的现实生活中。怎样发掘出来，用现代的语言表达出来，可能是今后我们社会学者应尽的责任。对这个变动越来越大、全世界已没有人再能划地自守的时代里，这些也许正是当今人类迫切需要的知识。如果天假以年，我自当努力参与这项学术工作，但是看来主要是有待于后来的青年了。愿我这涓滴乡土水，汇归大海洋。

1993年7月24日

国家新闻出版广电总局
首届向全国推荐中华优秀传统文化普及图书

‖大家小书书目

经典常谈	朱自清　著
语言与文化	罗常培　著
习坎庸言校正	罗　庸　著　杜志勇　校注
鸭池十讲（增订本）	罗　庸　著　杜志勇　编订
古代汉语常识	王　力　著
国学概论新编	谭正璧　编著
文言尺牍入门	谭正璧　著
日用交谊尺牍	谭正璧　著
敦煌学概论	姜亮夫　著
训诂简论	陆宗达　著
金石丛话	施蛰存　著
常识	周有光　著　叶　芳　编
文言津逮	张中行　著
中国字典史略	刘叶秋　著

古典目录学浅说	来新夏　著
闲谈写对联	白化文　著
怎样使用标点符号（增订本）	苏培成　著

诗境浅说	俞陛云　著
唐五代词境浅说	俞陛云　著
北宋词境浅说	俞陛云　著
南宋词境浅说	俞陛云　著
人间词话新注	王国维　著　滕咸惠　校注
苏辛词说	顾　随　著　陈　均　校
诗论	朱光潜　著
唐诗杂论	闻一多　著
诗词格律概要	王　力　著
唐宋词欣赏	夏承焘　著
槐屋古诗说	俞平伯　著
词学十讲	龙榆生　著
词曲概论	龙榆生　著
中国古典诗歌讲稿	浦江清　著 浦汉明　彭书麟　整理

唐人绝句启蒙	李霁野　著
唐宋词启蒙	李霁野　著
古典文学略述	王季思　著　王兆凯　编
古典戏曲略说	王季思　著　王兆凯　编
唐宋词概说	吴世昌　著
宋词赏析	沈祖棻　著
道教徒的诗人李白及其痛苦	李长之　著
闲坐说诗经	金性尧　著
陶渊明批评	萧望卿　著
舒芜说诗	舒　芜　著
名篇词例选说	叶嘉莹　著
唐诗纵横谈	周勋初　著
楚辞讲座	汤炳正　著
	汤序波　汤文瑞　整理
好诗不厌百回读	袁行霈　著
山水有清音	
——古代山水田园诗鉴要	葛晓音　著

门外文谈	鲁　迅　著
我的杂学	周作人　著　张丽华　编
论雅俗共赏	朱自清　著
文学概论讲义	老　舍　著
中国文学史导论	罗　庸　著　杜志勇　辑校
给少男少女	李霁野　著
鲁迅批判	李长之　著
英美现代诗谈	王佐良　著　董伯韬　编
三国谈心录	金性尧　著
夜阑话韩柳	金性尧　著
英语学习	李赋宁　著
漫谈西方文学	李赋宁　著
历代笔记概述	刘叶秋　著
笔祸史谈丛	黄　裳　著
古典诗文述略	吴小如　著
有琴一张	资中筠　著
鲁迅作品细读	钱理群　著
唐宋八大家 ——古代散文的典范	葛晓音　选译

红楼梦考证	胡　适　著
《水浒传》与中国社会	萨孟武　著
《西游记》与中国古代政治	萨孟武　著
《红楼梦》与中国旧家庭	萨孟武　著
《金瓶梅》人物	孟　超　著　张光宇　绘
水泊梁山英雄谱	孟　超　著　张光宇　绘
《红楼梦》探源	吴世昌　著
《西游记》漫话	林　庚　著
细说红楼	周绍良　著
红楼小讲	周汝昌　著　周伦玲　整理
曹雪芹的故事	周汝昌　著　周伦玲　整理
古典小说漫稿	吴小如　著
三生石上旧精魂 ——中国古代小说与宗教	白化文　著
《金瓶梅》十二讲	宁宗一　著
古体小说论要	程毅中　著
近体小说论要	程毅中　著
文学的阅读	洪子诚　著
中国戏曲	么书仪　著

中国史学入门	顾颉刚　著　何启君　整理
秦汉的方士与儒生	顾颉刚　著
三国史话	吕思勉　著
史学要论	李大钊　著
中国近代史	蒋廷黻　著
民族与古代中国史	傅斯年　著
五谷史话	万国鼎　著　徐定懿　编
民族文话	郑振铎　著
史料与史学	翦伯赞　著
唐代社会概略	黄现璠　著
清史简述	郑天挺　著
两汉社会生活概述	谢国桢　著
中国文化与中国的兵	雷海宗　著
两宋史纲	张荫麟　著
明史简述	吴　晗　著
北宋政治改革家王安石	邓广铭　著
从紫禁城到故宫 ——营建、艺术、史事	单士元　著
史学遗产六讲	白寿彝　著

司马迁之人格与风格	李长之 著
司马迁	季镇淮 著
唐王朝的崛起与兴盛	汪 篯 著
二千年间	胡 绳 著
论三国人物	方诗铭 著
考古发现与中西文化交流	宿 白 著
中国古代国家的历史特征	张传玺 著
艺术、神话与祭祀	张光直 著 刘 静 乌鲁木加甫 译
中国古代衣食住行	许嘉璐 著
中国古代史学十讲	瞿林东 著

黄宾虹论画	黄宾虹 著
中国绘画史	陈师曾 著
和青年朋友谈书法	沈尹默 著
中国画法研究	吕凤子 著
桥梁史话	茅以升 著
中国戏剧史讲座	周贻白 著
俞平伯说昆曲	俞平伯 著 陈 均 编

新建筑与流派　　童寯　著
论园　　童寯　著
拙匠随笔　　梁思成　著　林洙　编
中国建筑艺术　　梁思成　著　林洙　编
沈从文讲文物　　沈从文　著　王风　编
中国画的艺术　　徐悲鸿　著　马小起　编
中国绘画史纲　　傅抱石　著
中国舞蹈史话　　常任侠　著
海上丝路与文化交流　　常任侠　著
世界美术名作二十讲　　傅雷　著
中国画论体系及其批评　　李长之　著
金石书画漫谈　　启功　著　赵仁珪　编
吞山怀谷
——中国山水园林的艺术　　汪菊渊　著
中国古代音乐与舞蹈　　阴法鲁　著　刘玉才　编
梓翁说园　　陈从周　著
旧戏新谈　　黄裳　著
民间年画十五讲　　王树村　著　姜彦文　编
民间美术与民俗　　王树村　著　姜彦文　编

长城史话	罗哲文　著
中国古园林概说	罗哲文　著
现代建筑奠基人	罗小未　著
世界桥梁趣谈	唐寰澄　著
如何欣赏一座桥	唐寰澄　著
桥梁的故事	唐寰澄　著
园林的意境	周维权　著
万方安和 ——皇家园林的故事	周维权　著
现代建筑的故事	吴焕加　著
中国古代建筑概说	傅熹年　著

国学救亡讲演录	章太炎　著　蒙　木　编
简易哲学纲要	蔡元培　著
大学教育	蔡元培　著 北大元培学院　编
老子、孔子、墨子及其学派	梁启超　著
中国政治思想史	吕思勉　著
天道与人文	竺可桢　著　施爱东　编

春秋战国思想史话	嵇文甫　著
晚明思想史论	嵇文甫　著
新人生论	冯友兰　著
中国哲学与未来世界哲学	冯友兰　著
谈美书简	朱光潜　著
中国古代心理学思想	潘　菽　著
民俗与迷信	江绍原　著　陈泳超　整理
佛教基本知识	周叔迦　著
儒学述要	罗　庸　著　杜志勇　整理
希腊漫话	罗念生　著
佛教常识答问	赵朴初　著
大一统与儒家思想	杨向奎　著
孔子的故事	李长之　著
西洋哲学史	李长之　著
乡土中国	费孝通　著
社会调查自白	费孝通　著
经学常谈	屈守元　著
墨子与墨家	任继愈　著
汉化佛教与佛寺	白化文　著
中西之交	陈乐民　著

出版说明

“大家小书”多是一代大家的经典著作，在还属于手抄的著述年代里，每个字都是经过作者精琢细磨之后所拣选的。为尊重作者写作习惯和遣词风格、尊重语言文字自身发展流变的规律，为读者提供一个可靠的版本，“大家小书”对于已经经典化的作品不进行现代汉语的规范化处理。

提请读者特别注意。

北京出版社